JN291176

権威

後藤静香著

序

序

「権威」という名はどこから来たかときかれます。本文を読まれると、すぐに気づかれましょう。この中に、折々「天よりの声」といったような表現があります。その声は、神の声、良心の声と言いかえても構いません。いずれにしても「権威ある声」です。私は素直な心で、この声をきき、この声に従い、この声を書きとめようと努めます。この本の全部がそうでないにしても、全体を通じて、こんな気持のただよっていることは確かです。

○

「権威」は詩集かときかれます。私は元来詩人でもなく、文人でもなく、専門としては数学を学び、数学の教師を十三年もしたもので、文学の畑には全然素人《しろうと》であります。従って、詩をかくつもりで書いたものは一つもありません。しかし、実際において、詩になっているのもあり、また形だけ詩のようにした短文もたくさんあります。

「権威」は教訓集か、経典かときかれることもあります。そうでないとは申しませんが、これまで世間に知られている教訓とは、おもむきのちがったもの、また何宗何派と分類される経典でもありません。この中には、悩みの日に、励ましと慰めを与え、失望しきった人々をふるい起たせ、人生の伴侶となり、指針を与えるようなものも相当ふくまれていましょうが、単なる修養書ではありません。

○

「権威」は、要するに「権威」で、これまでの詩集とか、教訓集とか、経典とかの型にはめては、分類されないものであります。

どの一篇をとっても、単に、言葉をならべたものでなく、短い数行の中に、私の長い生涯を貫く体験もあれば、信仰の断片もあり、この眼で見、この耳で聞き、このからだ全体で味った事実もあります。いずれにしても、私のたましいに映ったままを、率直に表現したもので、一片の偽りもふくんでいないつもりです。刊行以来三十幾年を一貫して、老若男女《ろうにゃくなんにょ》の別なく、あらゆる階層を通じて、多数の愛読者をもち続けた原因が、そこにあったかと思います。

○

この中には、神の代弁者でもあるかのような口調で「なんじ」と呼びかけたものも若干ありますが、これは私から「あなた」への言葉でなく、神が、著者に向って、おごそかに呼びかけたものと思って下さい。しかし、この言葉は、私だけでなく、多くの人々が、襟を正してきくべきものかも知れません。

○

最初の「権威」は、二百篇の内容を盛《も》ったもので、たいへんな歓迎をうけました。私も初めから相当の自信をもったと見え、天金、総革装、最上質の紙をつかった豪華なものでありました。大正十年、私が三十七歳の時でした。今の眼で読み返しますと、稚気たっぷりのものもあり、不徹底なもの、未成熟な思想もありますが、現在の私では書けそうもない「若さの純情」またその情熱がみなぎって、我ながら頭の下るものも少なくありません。

○

それから幾年かたったとき、新しく数十篇を書き、前の「権威」と一しょにして、ここに第二期の「権威」が出来ました。私の事業は、日本内地だけでなく、朝鮮、満州、台湾、北支、樺太、南洋、さては中南米方面にまでひろがり、この網のあるところ「権威」も潮のように波をたてて、民族をこえ、国境をこえてひろまりました。

○

一九三〇年、昭和五年の初夏から約半年の間、欧州一巡の機会を得ました。シベリヤ線でいって、印度洋まわりで帰りました。オックスフォードで開かれたエスペラントの万国大会にも出席しました。この旅で、眼界もひろまり、見聞も加え、「権威」の内容に再検討を加えることができました。その後数年、文字通り、峻険の急坂をたどり、死の谷とも言いたい道を、いばらの刺にさされながら歩きました。事業は頓挫し、名声はきずつけられ、有形無形の両面から、逆境のどん底を、黙々として歩きました。私は一言の弁解もせず、一切を時のさばきにゆだね、あらゆる境遇を通して、内へ内へと自己を掘りさげ、人には不幸と見える毎日に、感謝歓喜の法悦を味いました。

世間には失敗と見え不遇と見えたこの生活の中から、新しい「権威」がにじみ出ました。「続篇」として発表されましたもので、これまでのものとは、ガラリと変ったものとなりました。本書の第四部にそのうちから若干をとり入れました。

○

また幾年かたち、日本は空前の不幸な運命に遭遇しました。終戦後、あらゆる物資の欠乏から、一部分をぬいて集めた「権威」ができました。今や祖国の上にも新しい黎明の光がさし、私という個人も、生涯の刈り入れどきとなりました。この際、半生涯を通して、私の半身でもあるかのようにつきそって来た権威の全篇から、あるいは改めあるいはぬき、さらに戦後の実感を補い、ここに最終の決定版をつくりました。これは私が地上にのこす遺産であり、同時に遺言状でもあります。以上一通りの経過をのべて序文にかえます。

昭和二十七年　初夏の日

著　者

目次

第一部

一　あなたの側に
二　三つの声
三　欠陥
四　能力
五　能力の根底
六　愛するために
七　学識
八　秋風来る
九　奮闘
一〇　第一歩
一一　計画
一二　神性
一三　世の中
一四　解決
一五　水脈
一六　ぬれた心
一七　伸びゆく心
一八　波紋
一九　自由
二〇　逆境
二一　堪えうる力
二二　正義
二三　堅忍
二四　有縁の悦び
二五　花は散る
二六　共存の悦び
二七　愛の負債
二八　花がさく
二九　三つのかげ
三〇　春の海
三一　寛容
三二　和らげよ
三三　永遠の平和
三四　悦ぼう
三五　雨後の月
三六　悔恨
三七　黎明
三八　新生の子
三九　新記録
四〇　感謝
四一　道に出でよ
四二　旅人の目
四三　ぜいたく
四四　強者
四五　門のとびら
四六　不滅
四七　植えたあと
四八　応答
四九　体験

五〇 確　信
五一 信賢勇
五二 美は美
五三 一片のパン
五四 信ずる世界
五五 感　応
五六 信　愛
五七 犠　牲
五八 偉　大
五九 富　嶽
六〇 生きる悦び
六一 深きところに
六二 沈　黙
六三 拝みたい心
六四 ばらよ
六五 星から星へ
六六 昇　天
六七 凱　歌
六八 これがために

第二部

六九 尊　重
七〇 三つの資格
七一 欠陥と完成
七二 報いを越えて
七三 ただ一人
七四 光景ひらく
七五 小　善
七六 よいつぼみ
七七 人生の春
七八 心のかわき
七九 深いさびしさ
八〇 母なき子
八一 芭　蕉
八二 並んでゆく
八三 大志遠望
八四 立　志
八五 立つの日
八六 最善のもの
八七 片　鱗
八八 未成熟
八九 若さの誇り
九〇 稚　気
九一 瞬　間
九二 集　中
九三 今　日
九四 松の木
九五 内在の自己
九六 どこまで登る
九七 自己の平和
九八 苦　悶

九九　悔改
一〇〇　鍛錬
一〇一　別離
一〇二　子らは去りゆく
一〇三　浮雲
一〇四　安定
一〇五　本気
一〇六　遊戯
一〇七　女は偉い
一〇八　怠惰
一〇九　全力
一一〇　大したこと
一一一　四つの段階
一一二　誇り
一一三　徳業の自由
一一四　健康を活かせ
一一五　巷に立ちて
一一六　激流
一一七　救いの船
一一八　二つの滅亡
一一九　着眼
一二〇　力と正義
一二一　勝利の人
一二二　愛の威力
一二三　天知る
一二四　悦びの門
一二五　改心
一二六　豊富
一二七　安眠
一二八　塵埃
一二九　光の子
一三〇　時の力
一三一　尽きせぬ悦び
一三二　有りがたい
一三三　余裕
一三四　美
一三五　自然
一三六　調和
一三七　故山
一三八　合体
一三九　拝みうる人
一四〇　霊位
一四一　短命か
一四二　連鎖
一四三　天の衣
一四四　救いの門
一四五　禁止の声
一四六　反省の声
一四七　激励の声
一四八　賞讃の声
一四九　頼みたい

一五〇 罪のために
一五一 応答のために
一五二 三昧
一五三 あなた任せ
一五四 私の先生
一五五 かくれた流れ
一五六 信仰の人

第三部

一五七 天の声
一五八 永久
一五九 歓喜の源頭
一六〇 根底
一六一 新年
一六二 使命
一六三 活けるペン
一六四 自愛
一六五 春雨の夜
一六六 どっちもいい
一六七 深さ
一六八 天の記録
一六九 花の春
一七〇 明鏡
一七一 光明
一七二 何が勝つか
一七三 天道
一七四 理想
一七五 愛の制約
一七六 なでしこ
一七七 命の種
一七八 至幸至福
一七九 山守
一八〇 仕合せ
一八一 法則
一八二 価値
一八三 女性
一八四 活泉
一八五 作品
一八六 背景
一八七 言葉
一八八 声
一八九 感激
一九〇 人類よ
一九一 一人
一九二 見つめよ
一九三 三つの魂
一九四 貫行
一九五 悦べよ
一九六 交際
一九七 特使
一九八 支える力

一九九 今のままで
二〇〇 聖か俗か
二〇一 定規
二〇二 天人
二〇三 五月雨
二〇四 生きる真理
二〇五 王者
二〇六 別れ
二〇七 考えよ
二〇八 ただ一つ
二〇九 発見
二一〇 批評家よ
二一一 与えよ
二一二 最善の瞬間
二一三 女の力
二一四 束縛
二一五 見方

二一六 過分
二一七 親切
二一八 育てる心
二一九 微風
二二〇 年齢
二二一 賢母
二二二 誰だろう
二二三 良い子
二二四 子供のこころ
二二五 最上最善
二二六 弱いたましい
二二七 親ごころ
二二八 かれ
二二九 職業
二三〇 悦びの歌
二三一 傑作
二三二 通ったあと

二三三 点滴
二三四 嬉しいな
二三五 垣を去れ
二三六 恩寵

第四部

二三七 旭日
二三八 うぐいす
二三九 静けさ
二四〇 うれしい日
二四一 孔子と歌
二四二 病床の人
二四三 眼は前へ
二四四 後半昭々
二四五 力湧く
二四六 私情
二四七 我が仕事

二四八　怒るなかれ
二四九　美を感ずる心
二五〇　種をまく
二五一　幼き日の蜜
二五二　必ず変わる
二五三　喜びの人
二五四　酔える人
二五五　山路
二五六　繁み
二五七　道ゆく姿
二五八　緑のいのち
二五九　星に涙あり
二六〇　厳粛なる夢
二六一　大海の一滴
二六二　底静かなり
二六三　これ常道
二六四　見えねど美し

二六五　夢中になる
二六六　登山
二六七　心眼
二六八　大雪渓
二六九　ちぎれ雲
二七〇　雪の底には
二七一　西瓜
二七二　天職
二七三　許すもの
二七四　英雄主義の否定
二七五　凡人礼讃
二七六　無智は恐ろし
二七七　夢の跡
二七八　愛の人
二七九　白菊
二八〇　あの気品
二八一　丈夫烈女

二八二　青春長し
二八三　猿は猿なり
二八四　何処よりか
二八五　棄てよ
二八六　大根
二八七　先達の心
二八八　友の態度
二八九　祝福
二九〇　村雨
二九一　時に順ぜよ
二九二　実りの営み
二九三　働くはうれし
二九四　絶望とは
二九五　大事業
二九六　国を興す
二九七　雪ひかる
二九八　男なり

二九九　自己の反映
三〇〇　無くてならぬ人
三〇一　争い　は
三〇二　愛すれば
三〇三　宝　　石
三〇四　地上なり
三〇五　至　　人
三〇六　救いの手
三〇七　対　　照
三〇八　運　　命
三〇九　老　　樹
三一〇　本当の勇者
三一一　赤　　彦
三一二　誰のお陰ぞ
三一三　飛　　躍
三一四　花
三一五　達　　人
三一六　自力目さむ
三一七　輪をつくれ
三一八　空を見て
三一九　人間が近い
三二〇　にわか雨
三二一　楽　し　み
三二二　時がある
三二三　トルストイ
三二四　珍しきかな
三二五　思い出の道
三二六　世　渡　り
三二七　さるすべり
三二八　発　　憤
三二九　一日でも
三三〇　手　　紙
三三一　知らしめよ
三三二　希望がもてる
三三三　すみれ咲く
三三四　勇士還る
三三五　貴く生きん
三三六　同胞に訴う
三三七　民族の素質
三三八　一人一人が
三三九　三つの鍵
三四〇　天地の理法
祖国再建の歌
索　　引

装幀　森重玲子

第一部（六八篇）

一　あなたの側《そば》に

同じ時代に生まれ
同じ日本に生まれ
そうして、何のゆかりか
いまこの書物を通して
親しくわたしと交わるあなた
かりそめならぬえにしかな
偶然《ぐうぜん》とは解したくない
まだ見ぬあなたがなつかしい
わたしの心霊《しんれい》は
いまあなたのそばにゆく

二　三つの声《こえ》

天よりの声がきこえる
　過去を見よ、なんじ勝てりや
再び第二の声がきこえる
　現在を見よ、なんじ勝てりや
更に第三の声がきこえる
　立ちあがれ
　いま勝つ者が永久に勝つ
零《れい》たす零の継続《けいぞく》
合計いくばくなりや
刻々《こくこく》の勝利が最後の勝利をつくる

三　欠《けつ》　陥《かん》

欠陥がみえる
なんとかしたい
自分でできる
然《しか》らば
その欠陥に身をなげよ
それがおん身の使命である
欠陥より欠陥へと
身をささげる生涯が
使命より使命への
充実したる生涯である

四　能《のう》　力《りょく》

欠陥ある社会は能力を要求する
現代は能力の時代である
あらゆる社会が能力をさがしている
空位空名は更にかえりみていない
活躍《かつやく》すべき自由の天地が待っている
腕《うで》がふるいたくば
まず能力をつくれ
能力の前には不平がない
わが悲運《ひうん》に泣かんよりは
無力無能の悲哀《ひあい》に泣け

五　能力の根底《こんてい》

大愛《たいあい》なきところに真の能力なし
人を動かし世を動かす能力は
必ず大愛の泉からのみ湧きいづる
いかなる手腕《しゅわん》も
いかなる学識も
いかなる才能も
いかなる経験《けいけん》も
愛より現れないものならば
単なるあくまの武器である
人よ、無能の悲哀をさとれ
しかして大愛にたつ能力の優者《ゆうしゃ》となれ

六　愛するために

愛したい
日本人を
全人類を
全生物を
一切を
愛するために磨きましょう
愛するために働きましょう
愛するために考えましょう
愛するために祈りましょう

七　学《がく》識《しき》

おお　無学の悲哀《ひあい》よ
海綿《かいめん》のような空虚《くうきょ》な頭脳《ずのう》よ
浅薄《せんぱく》な学識から割り出す浅薄な見識《けんしき》
堂々と大きな声で言われるものか
恥ずかしい
穴のなかに
かくれたいほど恥ずかしい
「学ぶに如《し》かざるなり」
だまって死ぬまで勉強しよう

八　秋風《しゅうふう》来《きた》る

「花木《かぼく》春すぎ
　夏すでに中《ちゅう》す」
われもまたその嘆《たん》を同じゅうす
すでに秋風来る
虫声しょく、しょく、しょく、
考えよと迫るのか
月影《げつえい》こう、こう、こう、
照らされて恥ずかしい
わが秋の
近づくを恐る

九　奮《ふん》闘《とう》

奮闘なるかな、奮闘なるかな
奮闘を離《はな》れて休養なく娯楽なし
命がけの奮闘
血の汗が滴《したた》る全身全霊《ぜんれい》の緊張《きんちょう》
その間《あいだ》に感ずる得もいわれぬ
奮闘の妙味
片々《へんぺん》たる区々たる小娯楽は
語るに足らず
奮闘を離れて向上なく充実なし
立つも倒るるも、死ぬるも生くるも
奮闘また奮闘
人間の特権《とっけん》なるかな

一〇　第一歩

十里の旅の第一歩
百里の旅の第一歩
同じ一歩でも覚悟《かくご》がちがう
三笠山にのぼる第一歩
富士山にのぼる第一歩
同じ一歩でも覚悟がちがう
どこまで行くつもりか
どこまで登るつもりか
目標が
その日その日を支配する

一一　計《けい》画《かく》

高い目標を見よ
その目標に達するための
順序方法をげんみつに計画せよ
一切の準備おわらば
予定のごとく断行せよ
猪《いのしし》のように目標を見つめて走れ
しかし、いつどこでやめても
その道程がことごとく
有意義なる目標でなくてはならぬ
高い清い目標には
高い清い手段《しゅだん》を要する

一二　神　性

神性は誰にでもひらめく
ただそのまぼろしの
瞬間《しゅんかん》にして消滅《しょうめつ》するを悲しむ
神性がかくるれば
すぐに獣性が現れる
神的傾向《けいこう》をもつか
獣的《じゅうてき》傾向をもつか
聖賢と凡俗との分かるるところ
そこに人間の努力がある
清い気高《けだか》いあこがれをもって
神に似るまで進もうではないか

一三　世の中

世の中は明るい
暗いと思うか
心窓《しんそう》をひらけ
世の中は美しい
きたないと思うか
心眼をきよめよ
世の中はひろい
せまいと思うか
心壁《しんぺき》をくだけ

一四　解　決

複雑《ふくざつ》なる問題
纏綿《てんめん》したる問題
解決に苦しむか
まずこうべをあげよ
人生の本義に照らして
自己の心事《しんじ》をさばけ
なんじ自らを解決するとき
万事おのずから解決する

一五　水《すい》脈《みゃく》

人間が本物にならぬのは
自己の掘り方が足りないからである
掘りに掘れ
わが内なる生命の水脈まで掘りつけよ
水はいくらでもふきあがる
しかもその水脈は人類共通の源泉である
かくして
自己を徹底《てってい》させるための努力が
万人救済《ばんにんきゅうさい》のかぎを発見する
人類のうちに深い根をおろせば
本物《ほんもの》になる

一六　ぬれた心

ぬれた若葉に朝日があたる
かがやき出づる光彩《こうさい》よ
ぬれた苗床に種をまく
もえ出づる生命よ
涙にぬれたまなこにのみ
自然が見える
人間が見える
本当の人生が見える
ぬれたる胸にいだかれて
か弱い若芽ものびてゆく

一七　伸びゆく心

暖かいやわらかい光と熱とが
一切のものに命を与える
枯れたおちばがくちて
新緑がもえでたように
われらの古い生活は葬《ほうむ》られ
新生涯がはじまった
聖なるかな
若芽の精の天にのぼるがごとく
さめたる心霊の
限りもなく
上へ上へと伸びゆくこころ

一八　波紋《はもん》

静かな池に小石を投げよ
まるい波紋が
大きく大きくひろがって
どこまでも延びてゆく
人間の考えも行いも
善悪ともに
ひとたび動いた心の波は
永遠にのびてゆく
時間をこえ、空間をこえて
無限にひろがってゆく
正しい波、悦《よろこ》びの波の源をつくれ

一九　自　由

かぎりなく清くなれ
かぎりなく高くなれ
かぎりなく暖かくなれ
かぎりなく深くなれ
かぎりなく大きくなれ
かぎりなく美しくなれ
制限するな
遠慮《えんりょ》するな
天までのびよ

二〇　逆《ぎゃく》　境《きょう》

逆境に泣く
泣いておん身の苦衷《くちゅう》を理解した
友よ、いまこそ同情ができる
泣いて人生の奥行きが見えてきた
友よ、奥行きのある人間になろう
泣いて人間の価値を考えた
友よ、お互いに高くなろう
そうして、不滅な仕事だけしよう
新しい逆境の体験を感謝する

二一　堪えうる力

堪《た》えられぬ苦痛なし
過去の苦痛
それはたしかに堪えられた
現在の苦痛
それはたしかに堪えている
未来の苦痛
それも必ず堪えられる
苦痛が増《ま》せば増すほど
堪えうる力が先に増す

二二　正　義

リンカーンが高らかに叫んだ
「請《こ》う、吾人《ごじん》をして
　正義は万能なりと信ぜしめよ
　しかして、その信念をもって
　吾人が信ずる義務を
　断行せしめよ」と
正義の根底《こんてい》に立脚《りっきゃく》せよ
かならず勝つ
なんじの前途を憂《うれ》うる前に
まずなんじの根底《こんてい》をかえりみよ

二三　堅《けん》忍《にん》

圧倒《あっとう》せられてもつぶれるな
踏《ふ》みつけられても
歯《は》をかみしめてこらえておれ
苦《くる》しいに相違《そうい》ない
しかし、辛抱せよ
古来の英雄偉人が
みんなその境遇を通ったのだ
忍びぬけ
勝つにきまっているのだから

二四　有縁《うえん》の悦《よろこ》び

苦しめ
泣け
悲しめ
浅薄《せんぱく》なる楽観《らっかん》よりさめ
むなしき笑いを悲しみにかえて
深刻《しんこく》なる人生の寂寞《せきばく》に泣け
深き淋《さび》しさを静かに抱いて
すべての人を見つむるとき
同じ現世《げんせ》に生くる
有縁《うえん》の悦びに涙《なんだ》ぐむ

二五　花は散る

花は散る、時は過ぎゆく、人は去る
かれの遺骸《いがい》をかざる花束は
生前、彼が奮闘《ふんとう》に疲れたる日の食卓に
ただ一枝ずつでもほしかった
花は散る、時は過ぎゆく、人は去る
彼の葬場《そうじょう》にきく同情讃歎《さんたん》の千言万語は
生前、彼が世の無情と戦う苦悶《くもん》の日に
ただひと言《こと》ずつでもほしかった
愛の花は、咲くこと遅《おそ》きにすぎたり

二六　共存の悦《よろこ》び

おお、生存のよろこび
私はいま生きているということを
かぎりなく悦ぶ
わたしのまわりにも
生きたるものがたくさんある
おお、共存のよろこび
みんないっしょに働きましょう
みんないっしょに食べましょう
みんないっしょに歌いましょう

二七　愛の負債《ふさい》

愛したい、愛さないではいられない
それだから、心のままに愛する
愛の結果は何一つ要求していない
愛した瞬間《しゅんかん》
すでに十分なる報酬《ほうしゅう》をうけている
愛すれば愛するほど愛の負債がます
いくら返そうとつとめても
努めれば努めるほど愛される
愛の負債を背負ったままで
永遠より永遠へと運ばれる

二八　花がさく

山のかげにも花がさく
岡の上にも花がさく
河の岸にも花がさく
海の底にも花がさく
焼けるひでりに花がさく
こごえる吹雪《ふぶき》に花が咲く
どこへいっても花がさく
いつになっても花がさく
花から花へと
たどりゆく身のさちよ

二九　三つのかげ

過去に暗いかげがあるか
かなしむをやめて
そのかげをも照らす輝く前途をつくれ
現在くらいかげの中にあるか
サタンよ、退け
なんがために自らほろぶ愚をなすか
未来がくらいか
おお、それは単なる想像《そうぞう》にすぎない
光明の門のとびらは
誰《た》がためにも開かるる

三〇　春の海

おおらかに、ゆるやかに
音なくうねる春の海
いつもこんな心でいたい
やわらかく、あたたかく
ひかり流るる春の海
いつもこんな心でいたい
おおいなる平和のすがた
ゆたかなる恵みのおもい
げにも貴き黙示《もくし》かな

三一 寛《かん》容《よう》

何の権威で誰を責むるか
責むる言葉を自己に当てはめよ
自分に許されたい事があるならば
誰をも、心から許すがよい
人のあやまちを思うとき
その一切がわたしにある
どうして誰をせめられよう
「許す」という言葉さえ
人間としてはごうまんすぎる
いかりを含んでせむるとき
その罪《つみ》、死に値《あたい》する

三二 和《やわ》らげよ

和らげよ
争うこころを恥じよ
わびるがいい
わびる理由がないというか
省みよ
いくらかきっと悪かろう
和らげよ
平和の神
いまなんじの扉《とびら》をたたく

三三　永遠の平和

天界の平和をおもう
愛にまたたく星と星
幾億年をつらぬく統一
地上の平和をおもう
清き流れ、かがやく光
かおる花、おどる魚
ああこの蒼穹《そうきゅう》
ああこの大地
人間の名のために
永遠の平和をねがう

三四　悦《よろこ》ぼう

自分には苦しい無理をつづけても
人のためになるならば助けよう
いくじなしと思われても
言葉をやわらげ礼を厚うして
すべての人と仲よくしよう
それで馬鹿にされるなら
馬鹿にされて悦ぼう
悪に強い意地悪《いじわる》となって威張るより
善に強いいくじなしとなって
笑われよう
損をしても悦ぼう
そしられても罵《のの》しられても悦ぼう

三五　雨後の月

われ自らの過去に泣く
われ自らの現状に泣く
たれよりも自分がわるい
わが影の余りにみにくきを悲しむ
人を責めたことの多くは
自分がわるいからであった
悔恨《かいこん》の涙《なんだ》を払って
わずかにこうべをあぐれば
雨後の月
わがためにかがやく

三六　悔《かい》　恨《こん》

常に進歩するものには
常に悔恨がある
しかしながら、貴いのは
悔恨そのものではない
成功の若芽は
失敗から目さむる瞬間《しゅんかん》に胚胎《はいたい》する
悔恨は誤れる旧生涯の葬《とむら》いであり
同時に
かがやく新生涯の誕生である

三七　黎《れい》明《めい》

時は金《きん》なり
朝は宝玉なり
しかして
黎明《れいめい》は金剛石なり
天来の妙音は
ただ黎明の数分間にのみひびく
天使は
あけぼのの雲にのる

三八　新《しん》生《せい》の子

倒れたならば起《た》て
昨年失敗したならば今年成功せよ
失望は勇気の自殺である
出づる月をまて
散る花を追うなかれ
うしろにあるものを忘れて
前にあるものを望め
太陽は暁《あかつき》の雲を破って昇る
新生の子よ
新しい大地の上に
新しい第一歩をふめ

三九　新記録

暗き過去の一切を永遠に葬《ほうむ》り去れ
けがれたる生涯の記録をやいて
さめたる生涯の新記録を起こせ
「風、疎《そ》竹《ちく》に来《きた》る
　風すぎて、竹こえをとどめず
雁《かり》、寒潭《かんたん》をわたる
　雁すぎて、潭かげをとどめず」
過去の病的迷妄《めいもう》より脱し
ふたたび新たに出発せよ
かくて新記録第一巻の巻頭《かんとう》に
感謝歓喜《かんき》の大文字《だいもんじ》を記せ

―菜根譚―

四〇　感《かん》謝《しゃ》

食物は豊富《ほうふ》でも食欲《しょくよく》のない病者がある
食欲は盛んでも食物のない貧民がある
しかるに私は食欲が生じて食物がある
ありがたい
私よりも健康で私よりも若い友が
すでに幾人もたおれた
わたしは今なお生きている
ありがたい
悩《なや》める友よ、境遇は今のままでよい
こころもちだけ変えてみよ
いつでも感謝される

四一　道に出でよ

道に出でて天を仰ぎみよ
そこに光明《こうみよう》なきか
地をふみしめよ
そこに安定なきか
さらに前をのぞめ
洋々として尽くるなし
うれいあるもの、悲しみあるもの
ただ道に出でよ
光明、安定、希望は
ことごとく汝《なんじ》の有《ゆう》なるを悟《さと》らん

四二　旅人の目

上《のぼ》っている友が悦《よろこ》んでいう
「誰を見ても善い人ばかり
何をしても都合がよい
わたしのような幸福者はない」
下《くだ》っている友が悲しんでいう
「誰を見ても悪い人ばかり
何をしても都合がわるい
わたしのような不幸者はない」
上りの旅と下りの旅とは眼がちがう

四三　ぜいたく

昨夜ねむられぬ人々があった
わたしは眠りすぎている
それでよいのか
けさ食べられぬ人々がある
わたしは食べすぎた
それでよいのか
いま争っている人々がある
わたしは兄弟たちと歌を歌う
それでよいのか

四四　強　者

良心にそむくとき
強そうでも弱い
最高要求で動くとき
弱そうでも強い
たしかな土台に立って
内からの力を生かせ
何《なん》にもこわくない
何でもできる
誰でもうごく

四五　門のとびら

いかなる鉄門も必ず開く
いかなる難関も必ず通りぬけられる
開かないのは
確信が足りないからだ
たたきようが弱いからだ
一度《ど》たたいて開かずとも
二度たたけ
三度たたけ
五度たたけ
赤誠のこぶしで叩《たた》きに叩け
門のとびらは必ずひらく

四六　不　滅

世の中に、なくなるという事はない
生命のあるものは必ず実現する
人間のまごころから現れる
汗が、涙が、祈りが
無意味に消えるものならば
どうして、厳然《げんぜん》たる宇宙の調和が
成りたつか
今朝《けさ》も太陽が東から昇った

四七　植えたあと

花がどんなにきれいでも
根のない苗をどうするか
石ころのような小芋でも
かみ毛のようなひげ根でも
いのちがあれば植えておけ
芽もでる
茎《くき》も葉ものびる
過去の仕事をかえりみよ
植えたあとから芽が出たか

四八　応《おう》答《とう》

なんじの願いを高めよ
なんじの願いをきよめよ
なんじの願いを深めよ
なんじの願いをひろめよ
私欲《しよく》をはなれた願いならば
死ぬまで願いつづけよ
あきらめるからかなわぬ
応答を信ぜよ
正しき願いは実現する

四九　体《たい》　験《けん》

からだで見たことをいう
からだで見たことを書く
からだで見たことを行う
目でみて見えるか
耳できいて聞こえるか
からだで読んだものが本当だ
からだで祈ったものは実現する
からだで語ることは誰にも聞こえる
からだで悟った真理だけが
我がものである

五〇　確　信

確信なきことは絶対《ぜったい》に言うなかれ
確信なきことは絶対に為《な》すなかれ
わがうちに信じえたるときは
すでに半ばを成就《じょうじゅ》し得たる時である
確信を以《もっ》て断言せよ
確信を以て断行せよ
かくしてその確信を
さらに深刻《しんこく》ならしめよ
偉人は確信の体験にたつ

五一　信《しん》賢《けん》勇《ゆう》

信ずべからざるを信じ
信ずべきを信ぜざるもの
ともにこれを盲《もう》という
盲なるが故に溝《みぞ》におち
常に戦々《せんせん》兢々《きょうきょう》として不安なり
信ずべきを信じ
信ずべからざるを信ぜざるもの
共にこれを賢という
さらにその信を断行《だんこう》しうるもの
これを勇という
勇者は稀《まれ》なるかな

五二　美は美

美は美なるがゆえに賞す
真は真なるがゆえに信ず
善は善なるがゆえに行う
それがなぜ悪いか
たれならば束縛《そくばく》するか
権力が、しかも人間の権力が
因襲《いんしゅう》が、しかも過去の因襲が
道徳が、しかも半死の道徳が
柳をくれない　花をみどりと
叫《きけ》ばしむる力がどこにある

五三　一片のパン

義は行《おこの》うて義なり
善は行うて善なり
義を行うものを義人と言い
善を行うものを善人と言う
なんじ自らを説明する前に
なんじの行うところを示せ
財宝、学識、体力、権力
それはただ見せるためか
うえたる者は見せられたる万金《ばんきん》よりも
与えられたる只《ただ》一片のパンで生きる

五四　信ずる世界

自ら信ぜよ
信ずるに足る自己をつくれ
自己を信じえないものは
誰《たれ》をも信じえない
誰をも信じえないものは
誰にも信ぜられない
たがいに信ずる世界に生きたい
眼より眼へ、胸より胸へ
信の世界は単純である

五五　感《かん》　応《おう》

思えば黙《だま》っていても通ずる
思わねばいくら語っても通じない
いかに語るかを考慮《こうりよ》する前に
いかに思うかを省察《せいさつ》せよ
愛をかきたる雄弁《ゆうべん》は単なる空音であり
愛に輝く沈黙は真《しん》の雄弁である
感応の心をはなるるとき
真の師弟なく
真の友人なし

五六　信　愛

あなたから棄てられても
あなたから憎《にく》まれても
すべての人に責められても
すべての人にそしられても
愛するために捕らえられ
信ずるために殺されても
わたしはあなたを愛します
わたしはあなたを信じます
おお、金剛の信
徹底の愛

五七　犠《ぎ》牲《せい》

愛はつよい
愛のためには、火の中に入る
水の中に入る、つるぎのもとに立つ
獄門《ごくもん》をくぐる、十字架《か》にのぼる
愛はとうとい
悦《よろこ》んでゆく、進んでゆく
愛に犠牲《ぎせい》なし
自ら犠牲と思うとき
いまだ愛の門に至らず

五八　偉　大

海が好き
海の中《うち》でも太平洋がいちばん好き
あのゆるやかな大きいうねりが
静かにまさごの浜を洗うとき
そこに偉人の相《そう》をみる
寒風ふき荒《すさ》んで怒濤《どとう》の天に逆《さか》まくとき
そこに勇士の相をみる
一切をのむ太平洋
どこまで広いのか
何ほど深いのか
わたしはなんじの偉大にあこがるる

五九　富《ふ》嶽《がく》

霞《かすみ》のベールに乙女《おとめ》のような
はにかみをふくむ春の富士
澄みきった青空に、正装《せいそう》したる
古武士の如き気品を映《うつ》す秋の富士
群がる岩雲《いわぐも》を脚下にふんで
戦士のように力あふるる夏の富士
輝く白衣《びゃくえ》に神仙のような厳《おごそ》かさを包む
冬の富士
わたしはなんじの神韻《しんいん》に酔《よ》う

六〇　生きる悦《よろこ》び

自分のゆくべき最上の道を
すすんでいると思うとき
生きる悦びをかんずる
自分にふさわしい最上の方法で
すすんでいると思うとき
生きる悦びをかんずる
小さいものが大きいものに
刻々《こくこく》近づいていると思うとき
生きる悦びをかんずる
自然と人間とが
知れば知るほど美しく見えるとき
生きる悦びをかんずる

六一　深きところに

浅薄《せんぱく》の悲哀よ
深きところにこそ
たましいの泉はほとばしる
浅薄の悲哀よ
深きところにこそ
たましいの焔《ほのお》は燃《も》ゆる
悲し、浅く流るる濁江《にごりえ》のさざめき
淋《さび》し、哀れにけぶる野火のゆらめき
深さに徹する生涯をおもう
愛はほとばしり力はおどる
活《い》ける静寂《せいじゃく》は偉《い》なるかな

六二　沈《ちん》　黙《もく》

大自然の荘厳《そうごん》に涙《なんだ》ぐむ
しかして沈黙す
思いを久遠《ぐおん》の世界におくる
しかして沈黙す
淋《さび》しき人生のすがたをみる
しかして沈黙す
至純《しじゅん》の大愛に酔う
しかして沈黙す
ああ　沈黙
たましいに憩《いこ》いを与うる
禅定《ぜんじょう》なるかな

六三　拝みたい心

造化《ぞうか》の妙工に
驚異《きょうい》のむねのおどるとき
おがみたい心になる
疲れたるたましいの
力なくうなだるるとき
おがみたい心になる
行くて遠く
わが荷の重きを憂《うりょ》うるとき
おがみたい心になる
人間に現るる
人間ならぬ輝きにうたるるとき
おがみたい心になる

六四　ば　ら　よ

よろこびの大波が
うしおのように寄せてくる
むねがおどる
たれをみても私の血が流れている
うれしい
涙《なんだ》ぐましい
「金魚よ
ゆうべはどこに眠ったか
ばらよ
お前はわたしじゃないの」

六五　星から星へ

ああ　悦《よろこ》びよ悦びよ
わたしの胸は悦びにおどる
どんなにいそがしい時にでも
どんなにこまった時にでも
わたしの心は悦びにくるう
悲しいと思う心のうちにさえ
それを裏ぎる悦びがわく
　輝く星から星へと
ながれて来るのか
美しい胸から胸へと
送られて来るのか

六六　昇　　天

幸福すぎる
いまのいま
この法悦
地上をはなれたのか
すべてが
かがやいて見える
涙《なんだ》ぐましい
神々《こうごう》しい
いまもなお
ずんずん昇っている

六七　凱《がい》歌《か》

勝ちぬいたり
われは勝利者なるぞ
詩人と共に歌わんかな
　われ　もはやおそれず
くもりし自然のおもかげも
いまは笑いをふくみけり
限りあるもの
朽つるもの
感じうるもの
すべてみな
ふるるみたまの羽音して
希望のさんび　歌うなり

六八　これがために

たしかに生まれた
必要だからだ
たしかに生きている
まだ用事があるからだ
「われこれがために生まれたり」
はっきりと
そう言いうるものを
つかんだか

第二部（八八篇）

六九　尊《そん》重《ちょう》

私には私に限る使命がある
それだから
私は私を尊重する
あなたにはあなたに限る使命がある
それだから
私はあなたを尊重する
万人《ばんにん》に
皆それぞれの使命がある
それだから
私はたれでも尊重する

七〇　三つの資格《しかく》

心をむなしくせよ
使命がきける
拝むこころになれ
使命がきける
いまの姿を完《まっと》うせよ
使命がきける
謙虚《けんきょ》
敬虔《けいけん》
充実
三つの資格が使命を教える

七一　欠陥《けっかん》と完成《かんせい》

自己が空虚《くうきょ》でありながら
空虚と知らぬ憐《あわ》れさ
さざえのように蓋《ふた》をしめて
なんにも入れぬあわれさ
他の欠陥だけせめて
自己を充《みた》そうとしない憐れさ
徳の目は内にかがやき
愛の手はそとに伸ぶ
欠陥を悟ったとき
完成への歩みが始まる

七二　報いを越えて

生きるためにパンを食《くろ》う
そうして、たれに感謝を求めるか
生きるとは
使命に生きることである
生きるために使命を行う
そうして、たれに感謝を求めるか
報いをこえて
使命に生きる
面白《おもしろ》のこの世かな

七三　ただ一人《ひとり》

人生は
ただ一人ゆく旅ぞ
最後の頼《たよ》りは
さびしくとも
自分だけである
ただ一人行くべき自己と知ったとき
どうして粗末にされようぞ
どうして充《みた》さないでよかろうぞ
どうして高めないでよかろうぞ

七四　光景《こうけい》ひらく

登れば
のぼっただけは高くなる
高くなれば
それだけ眼界がひろくなる
高いところには
平地に見られぬ花がさく
高いところには
塵埃《じんあい》がない
高いところの叫びは
遠くへひびく

七五　小善

今日《こんにち》一善をおこない
明日一善をおこのう
それが積もれば聖者《せいじゃ》である
一石《こく》の米といえども
粒《つぶ》の大なるにあらず
大善《だいぜん》は名に近く
小善は徳に近し
大善は稀《まれ》なるも
小善は日々限りなし
今日の小善を行う者のみが
明日の大善を完《まっと》うする

七六　よいつぼみ

よいつぼみであれ
よい花になる
よい花であれ
よい果《み》になる
花をまねたつぼみ
果《み》をまねた花
ともに不具である
少女の完成は少女
青年の完成は青年
今日の完成が
明日を完成する

七七　人生の春

森が目さめて
新しいみどりがけぶる
ひばりの歌に
地上のすべてが伸びてゆく
若人《わこうど》よ
新芽は伸びても
胸おどらずや
若人よ
ひばりはないても
胸おどらずや
　人の世の春に恵みあれ

七八　心のかわき

苦しい日もありましょう
しかし苦しい人が
あなただけではありません
さびしい日もありましょう
しかしさびしい人が
あなただけではありません
苦しさのいやしあい
さびしさのなぐさめあい
そこに心の花がさく
なさけの花のしたたりが
心の渇《かわ》きをいやしてくれる

七九　深いさびしさ

深いさびしさを味わうとき
人間相互の親しみが深くなる
同じ列車の乗り合いでさえも
なつかしい
誰《たれ》をみても
たましいが、どこかで
結ばれあっているように感ずる
他人らしくしていることが
ふしぎに見える
さびしいたましいは
ひとり威張っていられない

八〇　母なき子

帰りてはまずたらちねを見しものを
　いまは誰にかあわんとすらん
あわれなりあかつき深く起き出でて
　いまは仕えんたらちねもなし

母なき子の
哀《かな》しいさけび

木静かならんとすれば風止《や》まず
子養わんとすれば親在《いま》さぬものぞ

八一　芭《ば》蕉《しょう》

この道や行く人なしに秋のくれ

こちらむけ我も淋《さび》しき秋のくれ

独自の道をすすんだ彼は
さびしかった

塚もうごけわが泣く声は秋の風

門人の塚を抱いて
泣いた日もあった

八二　並《なら》んでゆく

悩《なや》めるものが
いまあなたのお顔を見あげています
かれが誰《たれ》かを問わないでください
悩みきっているのです
あなたが、どなたかもたずねません
はげまして立たせて下さい
悩めるものが
まだあなたを見つめています
ともにならんで歩んで下さい

八三　大志遠望《たいしえんぼう》

ひと山こえたら次の山
千波《せんぱ》こえたら万波《ばんぱ》のかなた
足は大地
まなこは蒼天《そうてん》
大洋の雲と水との接吻《くちづけ》するところ
久遠悠久《ぐおんゆうきゅう》のおもい湧《わ》く
大志遠望
人生無窮《むきゅう》

八四　立志《りっし》

富士に登った人間は
登ろうと志した人間だけであった
腹の中に出来あがった仕事は
すでに半ばを成就《じょうじゅ》したるものである
古人言《い》う
　賢人君子《けんじんくんし》たらんを欲《ほっ》するか
　愚《ぐ》、不肖《ふしょう》たらんを欲するか
　反観内省《はんかんないせい》
　ただその志の、立ちうると
　立ち得ざるとにあるのみ

―言志録―

八五　立つの日

孔子《こうし》曰《いわ》く
　十有《ゆう》五にして学に志し
　三十にして立つ　と
志すものはある
立ちうるものは稀《まれ》である
終生を眠って送るものがある
金権の前に
匍匐《ほふく》して送るものがある
立つの日はいつか
太陽すでに中天

八六　最善《さいぜん》のもの

高めるとは
立派《りっぱ》にすること
ねうちあるものにすること
プラトー曰《いわ》く
　最善の人が所有しうる最善のものは
　教育である
モンテーヌ曰く
　無学は悪の母なり
シェークスピア曰く
　無学は神の呪《のろ》いなり

八七　片《へん》鱗《りん》

尾がねこならば頭《あたま》もねこ
尾が虎《とら》ならば頭もとら
くろくもの中から
片鱗《へんりん》をみせても
竜《りゅう》はたしかに竜である
人間の現実は
すべて各自の片鱗である
何をいっても、何をしても
ねこはねこ、虎は虎
公平なものである

八八　未《み》成《せい》熟《じゅく》

よく育った瓜《うり》のつるに
胡蝶《こちょう》のような花がさく
散ったかと思うと、もうそのあとに
一寸ほどの瓜がなっている
一日一日と大きくなる
まわりも長さも伸びてゆく
本《もと》も末も一ように
ただまっすぐに伸びてゆく
一尺ほどになってもまだ青い
いつうれるやら
涼しい葉《は》陰《かげ》に
悠然《ゆうぜん》とさがった未成熟の壮観《そうかん》

八九　若さの誇《ほこ》り

友よ、若さの誇りのために
祝福の歌をうたおう
友よ、未成熟の誇りのために
希望の歌をうたおう
おどらぬ胸は老いたる胸
湧《わ》かぬ血はおとろえたる血
おののかぬ　魂《たましい》　は眠れるたましい
友よ
若さと未成熟のために
歓呼《かんこ》のさけびを挙げよう

九〇　稚《ち》　気《き》

笑わば笑え
刻一刻、秒一秒を生かす
誹《そし》らばそしれ
ひま人《じん》の罵倒《ばとう》で動く血をもたぬ
ただ死に物ぐるいで使命を追う
かれから何が現れるか
稚気満々たるところ
腕まくりするところ
高き望みにもえたつところ
そこに伸びゆく彼がある

九一　瞬《しゅん》　間《かん》

瞬間が全部であり
瞬間が永遠である
瞬間が初めであり
瞬間が終わりである
一切を
ただこの瞬間に集中する
刻々の完成が
永遠の完成である
今の今なる自己の完成が
永遠の自己の完成である

九二　集《しゅう》　中《ちゅう》

人生の価値は内容にあり
内容充実の秘訣《ひけつ》は各瞬間の集中である
集中には六つの条件がいる
　集中しうる健康
　集中の習慣
　適当の順序
　適当の方法
　価値の認識
　それに対する信仰
集中の鍵《かぎ》をにぎった者のみが
永遠の人生に勝利をしめる

九三　今《こん》日《にち》

今日は過去の結論である
現実に生きていない過去は
無《む》にひとしい
今日は未来への準備である
未来に伸びえない今日は
徒労である
今日の誉れが明日に及ぶように
今日のあやまちが明日に残ってゆく
今日の一切が不滅である
現実の今日に生きることは
「永久の今日」に生きることである

九四　松の木

左につかえると右へ
右につかえると左へ
一分でも一厘でも
伸びられるとき
伸びられる方へ伸びておく
木の根はかしこい
大きい岩を真《ま》二《ぷた》つにわって
天を摩《ま》するまでに
伸びきった松の木
えらい力だな
お前には敬服する

九五　内在の自己

現在の自己が
過去の自己が
何であるかを語らなくていい
将来の自己が
何でありたいか
何であらねばならないか
内に大いなる自己が眠っている
過去にも現在にも
まだ現れたことがない
内在のかれを呼びさませ
たいした仕事ができあがる

九六　どこまで登る

第一の山をこゆれば第二の山
第三、第四——
山はつづく
どこでやめるか
いく山こすか
偉人とは
終わりまで登りつづけた人である
偉人は
けわしくなるほど勇気を増す
登るとは
肉塊《にっかい》を天に近付けることである

九七　自己の平和

世界中のすべての物が
御身《おんみ》一人のためには造られなかった
思い通りに得られぬ物もある筈《はず》だ
世界中のすべての人が
御身一人のためには生まれなかった
気にいらぬ人もある筈だ
明瞭《めいりよう》なこの真理
悟ったとき
わがうちに平和が生まれる

九八　苦《く》　悶《もん》

誰かがいった
人間が苦悶するはずだ
宇宙を自分の思い通りに
しようとする
それは誰にもできない
現存せぬまぼろしの
影を求めてもがき
現存しているものからは
幸福を見出そうと努めない
何が不満なのか
幸福とは蜃気楼《しんきろう》のことでない

九九　悔《くい》改《あらため》

マホメット曰《いわ》く
　最も美しきものは
　罪あるものの悔い改めなり
藤樹《とうじゅ》曰く
　日々心の奥の御主人に対面なされ
　候わば、過ち無かるべく候
われ善きに人の悪しきがあらばこそ
　人のあしきはわが悪しきなり
掃けば散り払えばまたもちりつもる
　人のこころも庭の落ち葉も

一〇〇　鍛《たん》錬《れん》

きたわれない人間は
温室のやさいのように
形はととのっても香気《こうき》が足りぬ
香気は気品である

雪霜にうたるればこそもみじ葉も
　にしきをかざる秋は来にけり

逆境ほど
人間を鍛えてくれるものはない

一〇一　別離《べつり》

ただ一粒、ただ双葉《ふたば》
そのままでは伸びられぬ
別れてこそ
枝ともなれば葉ともなり
花ともなれば果《み》ともなる
別れるとは
それぞれに伸びること
別れるとは
本当に結ばれること
愛するものは
別れてさらに近くなる

一〇二　子らは去りゆく

子らは去りゆく
何をたよりて
荒きこの世の波と戦うか
わが不徳をわすれ
悶《もだ》えては子らのみ責め
責めたあとでは泣いた
子らは去りゆく
許しを乞《こ》う師の影を顧《かえり》みながら
いとしの子らは去りゆく

―卒業式の日―

一〇三　浮《ふ》　雲《うん》

浮雲をみる
西へ、東へ
あるいは集まり、あるいは散り
あるいは輝き、あるいはくもる
いま有りしもの既《すで》になし
転変無常《てんぺんむじょう》の栄辱《えいじょく》
よろこぶも愚《ぐ》
かなしむも愚
人間は、物より偉《おお》いなるものぞ
人間は、名より偉いなるものぞ

一〇四　安　定

大地に立ち
光の中をゆく
歩《ほ》するや彼の腰はたしかなり
いたずらに屈するの要なし
語るや言々《げんげん》力あり
いたずらに飾るの要なし
食に山海の珍なく
蓐《じょく》に錦繍《きんしゅう》なきも
美味にあきて悦《よろこ》び
終夜ゆめもなく眠る

一〇五　本　気

本気ですれば
たいていな事はできる
本気ですれば
なんでも面白い
本気でしていると
たれかが助けてくれる
人間を幸福にするために
本気ではたらいているものは
みんな幸福で
みんなえらい

一〇六　遊《ゆう》　戯《ぎ》

遊戯は遊戯でよい
しかし遊戯でないことを
遊戯にしてはならぬ
結婚は遊戯でない
政治・教育・宗教
もちろん遊戯でない

遊戯でないことを
遊戯にすれば
悲劇《ひげき》以上の悲劇に終わる

一〇七　女は偉《えら》い

どんな英雄偉人も
みんな女から生まれた
どんな聖賢君子も
みんな女の影響《えいきょう》をうけた
男は分解する
女は直覚する
男は批評する
女は信仰する
女は命をかける
男はとてもかなわない

一〇八　怠《たい》惰《だ》

怠惰はアクマのしとね
怠惰は地獄そのもの
たまって流れぬ水には
虫がわく
穀物を育てぬ畑には
雑草がしげる
から廻《まわ》りをする臼《うす》は
磨滅《まめつ》する

一〇九　全　力

大関のすもう
名優のしばい
幼稚園の運動会
見ていると涙がでる
全力があまりに神々《こうごう》しいからである
はちきれる程に熟した西瓜《すいか》の美しさ
咲けるだけ咲いた野菊の美しさ
全力は美である
力いっぱいの現れは
なんでも人をひきつける

一一〇　大したこと

活《い》かしきった一生からは
大したことができる
深い井戸《いど》の水のように
くめばくむほど湧《わ》く
雪だるまのように
ころがせばころがすほど
大きくなる
何ほどのことも出来ないのは
完全に
活かしきらぬからである

一一一　四つの段階

見るものはある
しかし、知るものが少ない
知るものはある
しかし、感ずるものが少ない
感ずるものはある
しかし、つかむものが少ない
つかむものはある
しかし、行うものが少ない

一一二　誇　り

現在の自分としては
この生き方が最も正しい
最も正しいから
しんけんになる
正しいことを真剣《しんけん》にする生活
それには誇りをかんじてよい
誰でもわが生活に
誇りと満足がないならば
すぐに改めるか
でなければ、やめねばならぬ

一一三　徳業の自由

命ぜられたことをする
囚人も同様である
引きずられれば
牛も馬も車をひく
頼まれたこと以上が人間の領分
役目以上が徳業の世界である
仕事は一段上をゆけ
席次は一段下につけ
自由を求むる人の子よ
なんぞ徳業の自由に生きざる

一一四　健康を活《い》かせ

健康はうれしい
しかし豚も健康である
薬を要せぬことはおめでたい
しかし獅子《しし》もくすりをのまず
健康なるが故に
弱きもののために働き
薬価を要せぬがゆえに
人のためにささげる
かくてこそ
健康が活きている

一一五　巷《ちまた》に立ちて

醜《みにく》きむくろ葬《ほうむ》りて
新《あら》たなるもの生まれたり
いかりののしる狂乱の
ちまたに立ちて涙する
われのみ恵みの
つゆによい
手をこまぬきて
眺めんや
新たなるもの生まれたり
手をこまぬきて眺めんや

一一六　激《げき》　流《りゅう》

親のなさけの
かこいをのがれ
渦《うず》まく激流におちこんだ
岩かどに
滝つぼに
あれ、あの悲鳴《ひめい》
若人のさけび
岩頭《がんとう》にもだゆる老い人
狂気のごとく悶《もだ》ゆる老い人

一一七　救いの船

おぼるる若人《わこうど》
もだゆる老い人
それをだまって眺めるか

愛は恐れをのぞく
ためらいもなく
飛びこんだ

奇《く》しきかな
救いの船が限りもなく現れる

一一八　二つの滅亡《めつぼう》

哲人セネカが言った
滅亡に二つの種類がある
一つは時のしわざ
一つは人間のしわざ
そうして、人間の手による滅亡が
最も悲惨《ひさん》なものである
天はわざわいを作らず
ただ自由を与えた
人間はその自由を悪用し
自らを悲しい運命に投げ入れた
人間がこわした家は
地震がこわした家よりはるかに多い

一一九　着《ちゃく》　眼《がん》

若人の心をみがけ
村が栄える
自己の心を養え
家が治まる
得意《とくい》をだいじにせよ
店が繁昌する
損をする気で働け
ふしぎにもうかる
愛することだけ考えよ
愛されすぎる仕合《しあわ》せをさとる

一二〇　力と正義

力は世界の女王である
世論《よろん》は力によって作られる
時代を動かすものは
世論である
力なき正義は
正義の説明にすぎず
力あるものをして
正しからしめよ
正しきものをして
力あらしめよ

一二一　勝利の人

名なく位なし
しかれども
確実に勝利の人なり
不遇に生まれ
不遇に生き
ついに不遇に眠れり
しかれども
確実に勝利の人なり
直《なお》く清く彼の道を歩めり
永遠に勝利の人なり

一二二　愛の威力

愛にまさる何物もない
愛ほど力強いものはない
愛ほど永久的のものはない
愛は手段を生む
愛に徹底すれば
何でもできる
仕事がのびなくなったとき
行くべき道に迷うとき
愛の基調《きちょう》をたしかめよ
生き方が不徹底なのは
愛が不徹底だからである

一二三　天知る

天知る
地知る
人は知らざるべし
知らるるを求めず
自らその分を尽くして楽しむ
苦しむ
泣く
人は知らざるべし
自ら涙をぬぐうて立つ
天知る地知るが故に堪《た》ゆ

一二四　悦《よろこ》びの門

みんなで働いて
みんなで食べて
許しあい
愛しあい
悦びあって生きてゆく
それでいい
十分だ
人生は理論ではない
悦びの門には
いつでも誰でもはいられる

一二五　改　心

けさもまた箒《ほうき》とる手のうれしさよ
　はかなくなりし人にくらべて

シェークスピア曰《いわ》く
余《よ》は、こじきになるとも
　感謝すべし

境遇《きょうぐう》の改まらんことを
願うなかれ
心の改まらんことを
祈るべし

一二六　豊《ほう》富《ふ》

なんたる豊富
一畳《じょう》ですむものを
わたしの部屋はまだ広い
なんたる豊富
一食でもすむものを
毎日三度もたべている
なんたる豊富
空気、水、光
無限の蒼穹《そうきゅう》
浩々《こうこう》たる大地
おお、なんたる豊富

一二七　安　眠

今日《きょう》も終わった
はりつめた心をゆるめる
憩《いこ》いのかねが鳴りひびく
まぶたは静かに閉じ
脈搏《みゃくはく》と呼吸とが
平和のしらべをかなでる
すべてを託し
いだかれきった平安
目さめると
うれしい朝が
新しい人を待っている

一二八　塵《じん》　埃《あい》

ファウストに
周囲の道具が
塵埃と見えた
死と直面したとき
無くてならぬものはない
火焔《かえん》が身にせまったとき
強《し》いて何を持ちだすか

塵埃のために苦しむな

一二九　光の子

花も葉も
若芽もみんな
日に向かう

光を浴びてこそ
伸びもし
生きもする

光の子よ
明るい世の中ぞ
光に向かって歩め

一三〇　時の力

かぼちゃ畑のまわりの朝顔
両方のつるが
のびて　もつれた
かぼちゃも食いたし
朝顔もながめたし
どちらの蔓《つる》を切ろうかと
毎日思案しているうちに
朝顔はつぎつぎさいて
花の終わりになったころ
かぼちゃは見事にうれていた

一三一　尽《つ》きせぬ悦《よろこ》び

「夜《よ》は夜もすがら
なげき悲しむとも
朝《あした》には悦び歌わん」
どのような暗い夜《よる》にも
きっと明るい朝が来る
あさ日はのぼる
鳥は歌う
「憂いの雨は夜のまにはれて
つきせぬ悦び
あさ日とかがやかん」

一三二　有りがたい

祈らぬさきに与えられ
祈りてさらに与えられ
与えられ与えられて
ただ有りがたいことばかり
貧しくとも有りがたい
古来の人傑は貧しさでみがかれた
病になっても有りがたい
幾多の思索《しさく》が病の床から現れる
一切が身にある
ただ有りがたいことばかり

一三三　余《よ》裕《ゆう》

かたむく軒ばに花がさく
やまいの窓に鳥がなく

あの星宿《せいしゅく》のかがやきが
あの小川のささやきが
なやむもの、さびしい友への
慰めと励ましではあるまいか
人間は
余裕があって生きられる

一三四　美

美しという心には
ねたみもなく争いもない
美しという心には
ほこりもなく
さげすみもない
うちなる清いたましいが
大いなるたましいと握手する
その瞬間
美しと感ずる
美しと感ずるごとに
清くなる

一三五　自　然

花の咲いているのを見ると感心する
みんな一生懸命《けんめい》に咲いているから
花にさくまで
果《み》になるまで
自然の苦心を思うと頭がさがる
冬はさびしいというか
葉の落ちた雑木《ぞうき》林を
よく見てごらん
小枝《さえだ》にめぐむ張りきった力を

一三六　調　和

花の呼吸、星のまたたき
それが没交渉《ぼつこうしょう》とは思えない
森羅万象《しんらばんしょう》をつらぬく一脈の統一
宇宙にみなぎる厳粛《げんしゅく》なる法則
たった一つの誤謬《ごびゅう》もない
必要なるがゆえに
雪は六角形に結晶し
食塩は方形に結晶する
形にも色にも組織にも
絶対に無理がない
宇宙は調和の壮観である

一三七　故《こ》山《ざん》

時よ帰れ
時よ帰れ
わたしは　もう永久に
あの子供にはなれないか
あの山林に
も一度くりを拾いたい
あの竹やぶに
も一度たけのこを探したい
自由の天地
美しい自然
お前たちは私の最も貴い先生だ

一三八　合《がっ》体《たい》

花のこころを知り
花のこころに感じ
花といっしょに呼吸をしたい
さえだの折れるとき
わが手わが足の
いたみを共に感じたい
蝶《ちょう》といっしょに舞い
犬といっしょに走り
鳥といっしょに歌いたい

一三九　拝みうる人

拝みえないのは
自分の中に
ごうまんがあるからだ
拝みえないのは
心霊のまなこが
かがやかないからだ
拝みえないのは
自然と人間とに
神性を見ないからだ
拝みうる人は尊《とうと》い
拝みうる人は仕《し》合《あわ》せだ

一四〇　霊《れい》　位《い》

見えなくともお花を供えたい
食べなくとも美味を供えたい
きこえなくとも話したい
祭壇の前にぬかずくこころ
見えざるものへの奉仕
その心に人間がある
心霊には
肉体を通してよりも
もっと明瞭《めいりょう》に
見え且《か》つ聞こえるような気がする

一四一　短命か

さくらの花が
三日で散ってはいけないか
きくの花が
いく日《ひ》もつから貴いか
つるのごとき千年
かめのごとき万年
必ずしも光栄とは思われず
つぼみはつぼみ、花は花
別々に意義がある
生後三日でねむるおさなごも
たれかの胸には永久に生きている

一四二　連《れん》鎖《さ》

死はかなし
されど
天より出でたるもの天に帰る
いのちは人間によって作られず
ただみ旨《むね》のままに——
たれかこれ以上を言いうるものぞ
愛するもの逝《ゆ》きて
現世と霊界との連鎖ができる
眠ったものは
いつもそばにいる

一四三　天の衣

地上ののぞみ絶ゆるとき
天上ののぞみおどるとき
有限の生の
さいごの門を出づるとき
永遠の生の
最初の門をくぐるとき
時間と空間の束縛を脱するとき
久《ぐ》遠《おん》悠《ゆう》久《きゅう》の自由の園に遊ぶとき
地の衣の灰と煙に化するとき
栄光の天の衣のかがやくとき

一四四　救いの門

花をみて美しと感ずるこころ
そこに救いの門がある
たれも失望しなくていい
月をみて涙ぐむこころ
そこに救いの門がある
たれも失望しなくていい
高き人格にしたしむこころ
そこに救いの門がある
たれも失望しなくていい

一四五　禁止の声

止《よ》せ
それは道でない
見ているぞ
こまることは起こらぬか
まねてもよいか
まねられてもかまわぬか
欲《よく》にかて
永久のために
止せ
そむいたら滅亡ぞ

一四六　反省の声

それでよいのか
そのままですます気か
お前のために
不幸にされたものはないか
まだあのままか
いつする気か
いまの生活をつづけたら
それでもの、のになれるか
周囲を見よ
見ぬふりしてよいか

一四七　激励《げきれい》の声

立て
この手にすがれ
失敗しても
全部が消滅してはいない
こまらなくていい
行けるところまで行け
失望するな
世界はひろい
立て
うしろに強いものがいる

一四八　賞讃《しょうさん》の声

よく出来た
全力でした心持ちが貴い
りっぱな仕事だ
なんじは今死んでも悲しむな
不滅なことをした
人間に代わってお礼をいう
たれからみとめられなくとも
天では祝宴をひらいた
かくれた事ほど貴い
この胸に抱かれよ
栄光の油をそそいでやる
なんじの前途は必ず開ける

一四九　頼みたい

わが父に、わが母に
なんの遠慮《えんりょ》があるものか
なんでも甘えて頼みたい
聞かれようと聞かれまいと
叱《しか》られようと誉《ほ》められようと
なんの遠慮があるものか
なんでも甘えてたのみたい
大きいことでも小さいことでも
わが父に、わが母に
なんの遠慮があるものか
なんでも甘えてたのみたい

一五〇　罪のために

心だに誠の道に叶《かな》いなば
　祈らずとても神や守らん

この歌は誤解を招く恐れがある
心だに誠の道に叶ったら——
その自信があったら——
祈らないでもよかろうが
罪の子は
天に恥じ地に恥じて
神よ守れと祈りに祈る

一五一　応答《おうとう》のために

祈りては応《こた》えられ
応えられてはまた祈る
応答の実証を
たしかにもっている者は
祈らないではいられない
祈りても応えられない事がある
あとから応えられない恵みがわかる
恩寵《おんちょう》の実証を
たしかにもっているものは
祈らないではいられない

一五二　三昧《さんまい》

祈るとは
三昧に入ることである
仕事の一切がかれ
かれの一切が仕事
かれのあるところに
かれの全部がある
かれの為《な》すことに
かれの全力がこめられる
かれの祈りは煙のように
からだ全体から立ちのぼる

一五三　あなた任《まか》せ

あなた任せ
わたしは明日《あす》を背負わない
わたしは昨日を背負わない
わたしは何にも背負わない
あなたまかせ
盲従ではない
信じきってついてゆく
わたしは何にも背負わない
あなたまかせ
義務も栄誉も背負わない
み旨《むね》のままについてゆく
こんな気楽な旅はない

一五四　私の先生

私は大安心をしている
私の先生は何ほど偉《えら》いかわからない
私は毎日教えを受けている
私は大安心をしている
私の先生は何ほど親切かわからない
私がなまけたいときも
決してお許しなさらない
私は大安心をしている
先生は私を棄《す》てない
私も先生を棄て得ない

一五五　かくれた流れ

水けもない地に
みどりしたたる木立《こだち》がある
怪しんでしらべると
ひげ根が、地下の流れにふれていた
あの精力はどうしてつづく
あの仕事はどこから生まれる
怪しんでしらべると
自由に、豊富に
隠れた流れから汲《く》んでいた
かくれた流れにひげ根が届くと
ひでりのときほどよく繁《しげ》る

一五六　信仰の人

花はかれのために咲き
鳥はかれのために歌う
自然の美によいて讃《ほ》め
天地のふところに抱かれて眠る
あふるる恩寵《おんちょう》におののき
人のために祈りをつづける
行くところかれの家
とどまるところ働きの庭
どこでもそこが聖壇である

第三部（八〇篇）

一五七　天の声

いま天よりの声を
きいている
上へ上へと
のぼりながら聞く
厳粛《げんしゅく》なる声
権威《けんい》ある声
これほどたしかな声はない

一五八　永久

腹のたつときでも
永久という問題に思い及ぶと
のんびりする
どんな悲しみも
永久にはつづかない
永遠の生の中に
ゆったりした歩みを運ぶ
前途の無限が
人間を大きくする

一五九　歓喜《かんき》の源頭《げんとう》

毎日何をかたり
毎日何を為《な》し
なんのために働くか
最上の楽しみは何か
特に尋ねる
本当に楽しみがあるか
不安定なよろこびではないか
更に尋ねる
歓喜の源頭はなんであるか

一六〇　根　底

どこまで伸びるか
どこまでゆくか
何をするか
何ほどの力があるか
根底を見れば想像される
善いも悪いも
正しいも正しくないも
批判《ひはん》は形を超越し
根底にたいして加えたい

一六一　新　年

新年よ
わたしはお前が
何を持ってきたのか知らぬ
ただ　わたしの使命と
私の力を知っている
お前は何を出してもいい
私の領分だけ取り上げて
その他のものは見もしない
しかし　私の使命であるならば
どんな山にも必ずのぼる
どんな川をも必ずわたる

一六二　使　命

使命は現在に限られる
今日《こんにち》の使命を完全に果たした者のみが
更に高き明日《みょうにち》の使命をきく
使命をさけることは
生存の特権を否定することである
使命遂行《すいこう》の態度を努力と言い
その結果を奉仕という
自らは、努力をこえ奉仕をこえ
ただ使命より使命へと進む

一六三　活《い》けるペン

活けるペン
鮮血ほとばしる
活けるペン
光輝かがやく
血よ
つかれたる同胞《とも》の心臓に入れ
光よ
まよえる同胞の心霊をみちびけ
おお　わがペンの精よ
愛にうえたる魂をみちびけ
枯木に花をさかしめよ

一六四　自　愛

そこに他愛がない
真にわが子を愛するとき
その子は親の延長である
真に愛しうるものの一切が
すべてわれ自らの一部である
人間は自己のみを本当に愛しうる
他愛と感ずる愛は程度が低い
したがって
自己の大きさ、深さ、高さが
愛の大きさ、深さ、高さを現す

一六五　春《はる》雨《さめ》の夜《よる》

春さめの夜
深緑の間から
赤い頬《ほお》を見せる玉椿《たまつばき》と
心ゆくまで語りつづける
ここは地上でなかった

玉椿淡《うす》くれないのくちびるに
　魂《たま》はすわれつ春さめの夜

一六六　どっちもいい

水を見たときは
水の美しさを感じ
花を見たときは
花の美しさに気をとられるがいい
水には水、花には花の美があり
また悦《よろこ》びがある
春もいいが冬もいい
春は春をたのしみ
冬は冬をたのしむ

―幸　福　者―

一六七　深　さ

深さのない生涯はさびしい
カントはその町以外に
ただ一歩も踏み出さなかった
キリストの伝道区域は
わずかに方二里であった
あえて問う、活動とはなんの謂《いい》ぞや

あれをみよ深山《みやま》の奥に花ぞさく
　まごころつくせ人知らずとも

人生は広さよりも深さである

一六八　天の記録《きろく》

大音声《おんじょう》で
議会の壇上に声をからしても
愛から現れる叫びでないならば
人間の速記録には記されても
天の帳簿《ちょうぼ》にはぶかれる
しかし、村に、家庭に、工場に
黙々としてささぐる愛の奉仕は
人間の眼にこそつかね
偉《おお》いなる雄弁として
天の記録に記される

一六九　花の春

花が散る
橋のたもとのこじきの小屋に
花がちる
「たれ人《ひと》の菰《こも》きて在《いま》す花の春」
ていねいにおじぎをして
ただ一片のパンを頂く乞食《こじき》の幼児
橋上より
投げて与える傲岸《ごうがん》の紳士
人間本来の権威栄光
いずれにかかがやく

一七〇　明鏡

「明月は座頭の妻の泣く夜かな」
心霊の明鏡煌々《こうこう》として輝くとき
同じ高ねの月を眺めうる妻
いくばくありや
明月に泣く夫はないか、子はないか
悠々《ゆうゆう》たる法悦の霊光
恵然《けいぜん》としてわが心鏡を照らすとき
粛条《しょうじょう》のひざをいだいて泣くものは
座頭の妻よ
おん身だけでもあるまいぞ

一七一　光　明

暗い　暗い
ほたるほどの光もないという友よ
何ゆえに天を見ないのか
星が落ちたか
月が逃げたか
太陽が大きいまなこをとじたか
宇宙は輝きに満ちている
眼をとじて悲しむ友よ
まぶしすぎて
見えないのではないか

一七二　何が勝つか

太陽が
毎朝東からのぼって
雨が
天から降っているあいだ
正義の負けるはずがない
世の中で
正義が勝たないならば
何が勝つか
今朝も太陽が
東からのぼった

一七三　天　道

天道に誤謬《ごびゅう》なし
一切が善なり
一切が恵みなり
正義動かず
人道かわらず

一七四　理　想

だまされても
すべての人を信じたい
損をしても
すべての人に
求むるものを与えたい
馬鹿にされても
すべての人に仕え
すべての人に使われたい
憎まれても
最後まですべての人を愛したい

一七五　愛の制約

愛したい
しかもその情熱の足らぬさびしさ
愛したい
しかもこの思いが時間と空間に
制約されるさびしさ
愛したい
しかもこの思いが因襲《いんしゅう》や情実に
束縛《そくばく》されるさびしさ
愛されたい
しかもこの思いが同じ理由で
満たされぬさびしさ

一七六　なでしこ

なでしこの花ざかり
大きい花がある
小さい花がある
色の濃《こ》いのがある
うすいのがある
花びらのきずついたのがある
だいじな心《しん》のとれたのもある
しかし、みんなあるがままに
咲けるだけ咲いている
無理のないところに美が生きる

一七七　命の種

なんじのパンを投げよ
打算《ださん》をはなれて水になげよ
幾倍にもなってもどってくる
疑うか
投げたことがないからだ
いのちの種をまけ
まけば生える
生えればみのる
みのったものはたれか刈る

一七八　至《し》幸《こう》至《し》福《ふく》

全身全霊《ぜんれい》を献《ささ》げてまで
愛するに足る人を
見出《みいだ》したものは幸いだ
全身全霊を献《ささ》げてまで
愛してくれる人を
もっているものは幸いだ
全身全霊を打ちこみうる目標を
追っているものは幸いだ
全身全霊の愛を交換しながら
同じ目標を共に追いかけているものは
至幸至福の人々だ

一七九　山　守

必要な木は育つ
不用な木は枯れる
茂るのは必要だからだ
枯れるなら枯れるのが自然だ
人間は人間らしい手入れをして
みむねのままにと祈れ
茂ったときに、わが力とほこるな
枯れたときに、失望するな
この確信ある人間に
山の番を託する

一八〇　仕合せ

両親がない
　それは仕合《しあわ》せだ
両親ともにある
　それは仕合せだ
貧乏です
　それは仕合せだ
金持ちです
　それは仕合せだ
然《しか》り
活《い》かせば一切が仕合せである

一八一　法　則

考えるよりも為《な》せ
受けるよりも与えよ
責めるよりも許せ
そしるよりも誉《ほ》めよ
悲しむよりも悦《よろこ》べ
まちがいない人生必勝の法則
説明するひまさえ惜しい
断行すればすぐわかる
まねでもよし　行《おこな》ってみよ

一八二　価《か》値《ち》

長さ一分の百分の一
価一円のピンがある
一万円の懐中時計の
両針をとめるために使ってある
ただ一円のピンが
万金の時計を支配する
たれでも自分を軽蔑《けいべつ》するな
どんな小さい粗末なものに
どんな大きい使命が
あるかも知れぬ
価値とは、物それ自身の値《あたい》でない

一八三　女《によ》性《せい》

水の貴きは
水なるがためであり
火の貴きは
火なるがためである
女の貴きも
女なるがためではないか

一八四　活《かつ》泉《せん》

わたしのうちから
泉のように悦《よろこ》びがわく
大じかけにわく
いくらでもわく
大海原《おおうなばら》の水が
わきたつようにわく
わき出づるものは流れる
どこへでも流れてゆく
本当に豊富だ

一八五　作　品

何を為《な》すべきか
われらの領分である
何が現れるか
神の領分である
子供がしんけんに荷車をひく
親があと押しをする
ひく子の力で進むのか
押す親の力で進むのか
全力をなげよ、天よりの助けがくだる
作品は、作者が満足したものほど
作者自身よりもまさっている

一八六　背《はい》　景《けい》

同じ言葉をきいても
つよく印象するときと
何ほどの感じも受けないときとある
砕《くだ》けたたましいだけに法音《ほういん》がきこえる
権威ある言葉だけが肺腑《はいふ》をつく
言葉は平易でも
内容は単純でも
その言々句々をして
権威ある法音《ほういん》たらしむる
人格の背景をつくれ

一八七　言　葉

言葉という不完全なもので
思うことのすべてを
語ろうとするのは愚かである
よし、語りえたとしても
境遇、年齢、教養の
一切を異にするものに
わが思いの真相を
何ほど伝えうるものか

一八八　声

声は
言葉以上の意味をもつ
言葉はわからなくとも
声だけで
たいていの意味は通ずる
権威をもって
たましいにひびいてくる声を
純な気持ちで受け入れたい

一八九　感《かん》　激《げき》

弱者が強者にふみつけられる
だまって眺めるか
自分が苦しくなければそれでよいか
正義が不義にじゅうりんされる
だまって眺めるか
自分に損がなければ棄《す》てておくか
おお、利己主義者
打算《ださん》の子よ
感激性なき国民は亡《ほろ》ぶ
熱のない肉塊《にっかい》ならば
死骸《しがい》ではないか

一九〇　人　類　よ

人類よ
わたしはお前が
可愛ゆくてたまらない
たまらないから愛するよ
損をしても仕方がない
笑われても仕方がない
いそがしくても仕方がない
きらわれても愛するよ
愛さないではいられない
愛するよりほかは
なんにも知らぬ

一九一　一人《ひとり》

一人を尊重せよ
万人《ばんにん》は一人からなる
一人を忘れる人間が
全世界を征服しても
無意味である
一人を理解せよ
万人がわかる
徹底的に一人を愛しうる人間が
万人を愛しうる
ただ一人をも完全に
愛しえない自分を恥じる

一九二　見つめよ

ただひと本《もと》の花といえども
根を見よ、枝を見よ
ずいを見よ、花弁をみよ
花粉をみよ、色彩を見よ
育てる心、愛する心を以《もっ》て
深く深く静かに見つめよ
花の心にふれるとき
なんじ自らにふれ、友にふれ
すべての人にふれる
われとその精と相いだくとき
万有《ばんゆう》ことごとく語る

一九三　三つの魂《たましい》

うれしい
何でも通ずる
霊《れい》より霊へ、　心より心へ
春雨《はるさめ》の夕《ゆうべ》
ともに黙して花を見つめる
友と花、　花とわれ
三つの魂がひとつにとけて
天界へとのぼってゆく
　悦《よろこ》びの泉にとけて君とわれ
　　雨にふるえる花と語ろう

一九四　貫　　行

なんでもいい
善と信じたことを
ただ一つでも続けてみよ
何がつづいているか
三年
五年
十年
つづいたことが幾つあるか
一事を貫きうる力が
万事をつらぬく

一九五　悦《よろこ》べよ

焔《ほのお》の見えないのは
もえていないから
泉のあふれないのは
わいていないから
燃えないかがりを、たれがかこむか
わかない泉をたれがくむか
悦べよ
自ら悦べないものは
たれをも悦ばすことが
できないから

一九六　交際

赤裸々《せきらら》になって接してみよ
自分の願うことはたれも願い
自分の恥じることはたれも恥じ
自分の苦しむことはたれも苦しみ
自分の悦《よろこ》ぶことはたれも悦んでいる
人間はたれとでも
たいがいは共鳴する
言語の交換、作法の交換
物品の交換、饗応《きようおう》の交換
それでたましいにふれようとは
無理である

一九七　特《と》使《し》

さびしいか
語るべき家庭がないか
語るべき友がないか
神は、人類に特使をたつるとき
まず彼につける一切を奪う
シルレルが歌った
　勇者は
一人たつとき最もつよし
さびしいか
特使よ
大命を信じて立ちあがれ

一九八　支《ささ》える力

いのちをかけて
仕事を
してみよ
死なないことに
おどろく
かれは弱い
しかし
かれを支える力は
つよい

一九九　今のままで

お前は
たしかに生まれた
何のために生まれたのか
お前は
たしかに生きている
何をすればよいのか
お前は
たしかに死ぬ
今のままで
死んでもよいのか

二〇〇　聖か俗か

紅塵《こうじん》万丈《ばんじょう》の店頭に
義人がいないか
雲表《うんぴょう》脱俗《だつぞく》の禅堂に
俗臭がないか
どこにあるか
何を為《な》すかは尋ねまい
いかに思うか
いかに行うかが問題である
聖か俗かは
形式よりも
心的態度によって決定する

二〇一　定《じょう》　規《ぎ》

最高の善
最高の美
最高の正義をみよ
自分の一切を
この目標に引き上げようと努力せよ
しかし、他人にたいしては
ほんの僅《わず》かでも
その片鱗《へんりん》をみとめたならば
悦《よろこ》べ
感謝せよ
ひとには同じ定規を用いるな

二〇二　天　人

天人は裸体《らたい》である
一切をぬぎすてて
恥ずかしくない気位《きぐらい》の貴さ
かれにふれよ
親しめば親しむほど美しい
近づけば近づくほど高い
なんでも明けっ放しである
ちっとも気取ってはいない
しかも
堂々と
来りて見よと叫ぶ

二〇三　五月雨《さみだれ》

さみだれが
降りにふる
苗代がのびる
梅の実が大きくなる
地下水がまして
夏の炎天にも
すべての作物を育ててくれる
恵みの雨よ　降りに降れ
かたくなな土くれもくだきたい
ひでりに枯れぬ用意もしたい
恵みの雨よ　降りに降れ

二〇四　生きる真理

「身を殺してかかれ」
これほど簡単で、明瞭《めいりょう》で
効果の確実な真理はない
家庭に
学校に
会社に
病院に
国家に
なんじの属するそこに
なんじを殺してかかれ
小さい自己を守るから行き詰まる
殺して生きる真理をさとれ

二〇五　王　者

彼は仕うるが故に仕えられる
彼は献《ささ》げるが故に献げられる
彼は全人類の忠僕《ちゅうぼく》を以《もっ》て自ら任ずる
全人類は
悦《よろこ》んで彼の前にひれふす
かれは万人のために命を惜しまぬ
万人もまた
かれのために命をささげる
内からは精力がわく
上からは権威が下《くだ》る
奉仕者は常に王者である

二〇六　別　れ

別れない
たれが何といっても
永久に別れない
肉体だけは、汽車や汽船で別れても
固く結んだ心霊を
何の力で分けうるか
今も会っている
ここにいる
いつでもそばにいる
愛するものとは永久に別れない

二〇七　考えよ

もっと落ちついて考えよ
あまりそわそわしすぎる
太陽をみよ
月をみよ
星をみよ
花をみよ
お前のように浮き浮きしている者が
どこにある
せめて一時間でも、じっとしておれ
ただ一つのことでも
本気に考えてみよ

二〇八　ただ一つ

人生は
楽しいもの
単純なもの
一本道しかないもの
無くて叶《かの》うまじきものは
ただ一つ
それをしっかり握って
その一本道を
まっすぐに　わき目もふらず
歌をうたって進むもの

二〇九　発　　見

すべての発見中で
もっとも大きい発見は
人格の発見である
しかしながら
人格発見の眼識は
人格者にのみ限られる
いも蔓《づる》のように
偉人のつるには
偉人が生《な》る

二一〇　批評家よ

幕《まく》の穴からのぞいて
何か見えるか
そんなに遠方に立って
何か聞こえるか
見えない所で見てわからぬという
聞こえない所で聞いて聞こえぬという
批評家よ
本当に見たいなら
来りてみよ
本当に聞きたいなら
すわって聞け

二一一　与えよ

与えよ
報いを求めず、ただ与えよ
与えても与えても残りがある
与えることだけに努力せよ
反対に
与えられ与えられて
いくらでもふえてくる
与えつくす積もりで
与えてみよ
死ぬまでかかっても
与えつくせぬ豊富におどろく

二一二　最善《さいぜん》の瞬間《しゅんかん》

わたしは私の肉体が
この地上に必要な間だけ生きている
肉体よりも霊体に
移った方がよい瞬間に昇天する
一分も早くなく
一分もおそくない
最上最善の瞬間である
それはいつか
わたしの死んだその瞬間が
たしかにそうであったと
悦《よろこ》んでくれよ

二一三　女の力

過去の時代から
婦人の力を除けば
世界歴史は別物になる
婦人を無視して
本当の自叙伝を書きうる男子があるか
男よ
女を軽んずることが
自分を軽んずることではないか
女よ
自分を尊重することが
男を尊重することではないか

二一四　束《そく》縛《ばく》

汽車は
定められたる線路のみを走り
定められたる駅のみにとまり
定められたる時間のみに発車する
そこに厳密《げんみつ》な束縛《そくばく》がある
われらは、その線路を自由にえらび
必要なる駅に自由に下車し
適当なる時間に自由にのる
自由に走らざればこそ
自由に利用される
束縛即《そく》自由の真理を学べ

二一五　見　方

人生は面白くないという
面白くないことばかり
探しているのだもの
人生は思い通りにならぬという
万人の思い通りになったら大変だ
人間はわるいもの
つめたいものという
わるいところ
つめたいところばかりに
ふれているのだもの

二一六　過　分

わたしは自分のまわりをみる
わたしの物と名のつく品の多いこと
生まれた時は何《なん》にも持って来なかった
私はどこへ行っても
知った人が沢山《たくさん》あって
深いご縁の方が多い
長い年月《としつき》変わりもせず
何かしらお世話になる
もったいない
こんなに恵まれて
いいのだろうか

二一七　親　切

優《やさ》しいたったひと言《こと》
あんなに悦《よろこ》んでくれるのか
はずかしいほどの品
あんなものを
あれほど悦んでくれるのか
世界中の人々に
あたたかい言葉をかけ
わたしの持っているものは
わたしよりも
もっと必要な人達に
みんな分けてしまいたい

二一八　育てる心

苗床の花の苗
多すぎても育てておけ
いつでも棄《す》てられる
生きたものは育てておけ
不用と見えても
使命がある
さびしい谷の木の株に
名もない小草が
よく育つ
棄てるなよ
育てる心に愛がある

二一九　微《び》風《ふう》

ガーフィールド曰《いわ》く
「屋上に落つる数滴の細雨《さいう》を見よ
その北側《ほくそく》におつるものは
セントローレンス湾にそそぎ
南側におつるものは
メキシコ湾に潮《ちょう》す
然《しか》り、しかして
南北千里の遠きに至るものも
その初めはただ寸分《すんぶん》の差ありしのみ
微風の一揺《よう》、飛鳥の一搏《ばく》
以《もっ》て二水の運命を決するに足る」と
銘酒といえどもまた酢《す》に変わる

二二〇　年　齢

地球は人間の遊戯場でない
人生は祭日の連続でもない
本気になれ
真剣になれ
人間らしく生きた時間の合計のみが
人間の年齢であり
動物らしく生きた時間の合計は
動物の年齢である
自ら問え
「わが真の年齢幾歳なりや」と

二二一　賢　母

すべての母よ
おん身の子供が
おん身の専有物ではないぞ
全人類のものぞ
天に返せ
かれの使命を尊重し
完全に自由に
行くべき道をゆかしめよ
なんじの名を賢母という

二二二　誰だろう

いくらでも書ける
ペンが生きて動く
握っているのは
わたしだが
動かしてくれるのは
たれだろう
いくらでも働ける
働ききれないほど
次々と仕事が生まれる
働いているのは私だが
働かせてくれるのはたれだろう

二二三　良い子

歳《とし》はいくつでも
子供であれ
えらそうに気どるなよ
わがままをおさえ
いじわるをやめよ
愛のない形だけの親切には
何の意味もない
そとに現れた形よりも
内にかくれた気持ちの方が通うから
心から親切で
優しい素直な良い子であれよ

二二四　子供のこころ

まだ子供のここちがする
大きいものに抱《だ》かれたい
大きいものにあまえたい
なんでもまかせて頼りたい
まだ子供のここちがする
いまがすべての初《はじ》まりだ
勉強も、これから
仕事も、これから
大きくなったら偉《えら》くなる

二二五　最上最善

最もいいと信ずることを
最もいいと信ずる方法で行う
命がけになるのは
あたり前である
人間の仕事は
その人のために
それが最上最善であり
よろこんで
命の投げこまれるもので
なくてはならぬ

二二六　弱いたましい

わたしのたましいは
さびしい、弱い
それだから同胞を愛し
愛されては活《い》かされる
わたしの生きるというのは
愛するということである
すべての物を与えたい
すべての力をささげたい
血液がただ一滴になって倒れたい
深刻なるさびしさから
深刻なる愛が生まれる

二二七　親ごころ

愛児病む、発熱三十九度
旅装の父、小さき額《ひたい》に手をおいて
「お父さんはもう行くよ
　早くよくなれや」
児《じ》、わずかに仰ぎ見て答えず
あわれ、いつまでの別れぞや
汽車また電車
疲れに疲れさびしく床に横たわる
夕《ゆうべ》、くも天井よりさがり
夜半《やはん》、からす鳴く
みずから叱咤《しった》し
強《し》いてわが心を笑う
（出張先にて）

二二八　か　れ

かれが見えないとすぐにさびしい
かれの名を呼べばうれしくなる
聞いても見ても
何でもにかれがある
かれがあればこそ
花も星も美しい
ただかれがあればいい
なんにも無くてたくさんだ
かれを思えば引きしまる
かれを思えば清くなる
　おお　誰でもがかれになれ

二二九　職　業

愛しあって
悦《よろこ》びあって
歌をうたって
感謝して
少しでも多く
人のため
人のためにとはたらく
この職業の名は
何というのか

二三〇　悦《よろこ》びの歌

私はこんなに悦んでいる
あなたも悦ぼうよ
わたしの悦ぶ条件は
誰にもある
たれでも悦べる
悦びの歌を
いっしょに歌いたい人々は
みんな駆けあつまって来い
長い長い列をつくって
世界のはてまで
歌いまわろうよ

二三一　傑《けっ》　作《さく》

花がさく
果《み》をむすぶ
おどろくべき創造《そうぞう》よ
われらもまたつくりたい
しかし、その前に
われ自らが
造化の傑作と
ならねばならぬ

二三二　通ったあと

うす暗い雨の日であった
ある街《まち》を高徳な哲学者が通ると
そのあとが明るくなった
ほんのわずかな言葉にも
ほんのわずかな挙動にも
さびしい人、暗い心の人々に
明るい感じを与えたい
通ったあとから
美しい花のさくような人には
なれないものかと
高い貴いまぼろしをえがく

二三三　点《てん》滴《てき》

点滴あつまって泉となり
百泉あつまって河となり
河、断崖《だんがい》より落ちて飛瀑《ひばく》となる
ここに発電所ができた
一条の電線を通ずる力が
雲煙山河《うんえんさんが》百里をへだてて
幾万の市民をはこび
幾億の電燈にかがやく
人よおどろけ
幽谷《ゆうこく》の一滴天下をうごかす

二三四　嬉《うれ》しいな

嬉しいな
生きている
本が読めて
字がかける
嬉しいな
生きている
まだまだいい事が
たくさんされる
嬉しいな
可愛《かわい》いものがいっぱい
可愛がってくれる人もいっぱい

二三五　垣《かき》を去れ

垣を去れ
愛を小さく限るなよ
いつも仲間のたれかかれ
それでは互いの享楽《きょうらく》だ
主義の友、道の友なる
垣をこえ
ひろく誰とも親しめよ

二三六　恩《おん》寵《ちょう》

いかなるときにも
恵みはつねに豊かなり
十分なり、十分なり
恩寵《おんちょう》われに過ぐ
たれならば
「われを更に幸福ならしめよ」と
強要するの権ありや
わが心のすがたを省みる
恵みはつねに十分なり

第四部（一〇四篇）

二三七　旭《きょく》　日《じつ》

輝きてのぼる
音なくのぼる

自らの力にて
悠々《ゆうゆう》とのぼる

雲を照らし
山を照らし
つよく　静かにのぼる

二三八　うぐいす

一日中なく
疲れもせずになく

前の山でなく
うしろの山でなく

源平さき分けの
庭のつばきのかげでなく

谷から谷へ　かけあいで
ふしをかえてはなく

二三九　静　け　さ

いくら働いてもいいが
朝夕だけでも
閑寂《かんじゃく》の境地がほしい
田舎《いなか》の朝の
山の静けさ
静けさにひたれば
新しい力が
おどり出す

二四〇　うれしい日

今日はうれしい日であった
やさしい言葉にふれたから
今日はうれしい日であった
おいしい物をたべたから
今日はうれしい日であった
仕事がたくさん出来たから
今日はうれしい日であった
さびしい人を慰めてあげたから

二四一　孔子と歌

孔子は明るい人だった
歌をうたって
みんなといっしょに楽しんだ
気に入ると
なんべんでも歌わせて
自分もいっしょに合唱した
孔子はなごやかな人だった

子《し》、人と歌って善きときは
必ずこれを反《かえ》さしめ
後これに和す

――論語の言葉――

二四二　病床の人

さびし
いつよくなるか
日に月に
やつれゆくわが姿
細々ともゆる命のともし火
夜半《やはん》、眠りよりさめ
ひとり静かに
来《こ》し方の幻《まぼろし》を追う
たれもかれもなつかし
憎みたる人さえなつかし
容《かたち》を正して人みなの幸《さち》を祈る

二四三　眼は前へ

七へん倒れたら
八へん起《た》て
日が入れば
月が出る
花は散っても
果《み》をむすぶ
眼は前へ
前を見よとて
前につく

二四四　後《こう》半《はん》昭《しょう》々《しょう》

過ぎ去るまで
この年を呪《のろ》うべからず

まだこれから
何でも出来る

死に至るまで
その生を呪うべからず

後半昭々
前半をかがやかす

二四五　力　湧《わ》く

いずくより来《きた》るかを知らず
ただ　うちに
むくむくとする力を知る

わきあがる
盛りあがる
溢《あふ》れ溢れて
わきあがる

二四六　私　情

私情あるがゆえに
私利をもとむ
私情あるがゆえに
人をねたむ
私情あるがゆえに
公明正大を欠く
私情をころして
大義に生きよ

二四七　我が仕事

これぞわが仕事
これを為《な》すために生まれたり

これぞわが仕事
これを為すにまさる悦《よろこ》びなし

これぞわが仕事
働けば働くほどおもしろし

わが仕事を見出し
これと共に生きうるものは幸いなり

二四八　怒《いか》るなかれ

怒るをやめよ
いかるものは
まず自ら罰《ばっ》せらる

怒るをやめよ
いかるものは
睡眠と食欲とを奪わる

怒るをやめよ
いかるものは
ついに寿命《じゅみょう》をちぢめらる

二四九　美を感ずる心

腹だたしきとき
花は見えず

人を憎むとき
鳥の声はきこえず

心澄まざれば
蓮《はす》の葉の月は見えず

美を美と感ずるは
神にふれたる心なり

二五〇　種をまく

今日の日も種をまく
きっと芽の出る種をまく

雑草にもじゃまされよう
小鳥にもついばまれよう
それだからまく

まきにまいたら
すべてに打ちかつ芽が伸びる

二五一　幼き日の蜜

ここは青葉の聖堂
中にひとすじの小径《こみち》が通り
両がわから
山つつじの蔽《おお》いかぶさった
花と若葉の香《かお》るトンネル
私はその下を行きつもどりつ
時の車を逆にまわす
一りんまた一りん
くちびるに当てては
幼き日の蜜を吸う

二五二　必ず変わる

三日でも変わる
三年たてば
見ちがえるほど変わる
いくつになっても
その気になれば
ぐんぐん進む
変わることを信じて
発憤すれば
必ず変わる
この信なくこの勇なきもの
あたら宝玉を塵《ちり》にうずめる

二五三　喜《よろこ》びの人

喜びは内にわく
よろこびは天より来る

救われたる人は
喜びの人となる

喜びの人は
人を喜ばせんがために生く

喜びの人は
よろこびのなかに眠る

二五四　酔《よ》える人

大いなる愛
天地をつつむ

愛につつまれて
いまのわれあり
大愛にいだかれて
その悦《よろこ》びをわかつ

愛の人とは
愛せんと努《つと》めず
自ら大愛に酔える人なり

二五五　山《やま》路《じ》

緑《みどり》はふかし
水清し
花と青葉の渓《たに》をゆく
見る人もなき山かげに
花さきに咲き
水に散る
誰にきけとか
小鳥たち
神韻《しんいん》たかき詩を歌う

二五六　繁《しげ》み

繁みの中をゆけば
えならぬ香りす
草の香か
花の香か
ほたるの香か
繁みの中をゆけば
わが胸おどる
葉かげもる光の中に
紅《こう》一点《てん》
つばきの花

二五七　道ゆく姿

いやいやでゆく
いそいそとゆく

ぶらぶらとゆく
すたすたとゆく

ついてゆく
率《ひき》いてゆく

道ゆくすがた
さまざま

二五八　緑のいのち

樹々《きぎ》たちの
あの生気

陽《ひ》にかがやく
あの淡《うす》みどり

大気《たいき》清まるがごとし

洋々たり
大空《おおぞら》に立ちのぼる
緑のいのち

二五九　星に涙あり

悲しみに心くだけ
胸やぶるる思いす
さめて悩み
いねて眠らず
身をおくに所なく
足にまかせて　さ迷う
すでに深更
おもき頭《こうべ》をあぐれば
星に涙あり
光り　うるむ

二六〇　厳粛《げんしゅく》なる夢

三百六十余日《よじつ》
夢のごとし
春水《しゅんすい》　花をうかべて
緑陰《りょくいん》にそそぎ
秋山《しゅうざん》の錦衣《きんい》
たちまち変じて白衣《びゃくえ》となる
人生また夢
夢は夢なれど
厳粛《げんしゅく》なる夢なり

二六一　大海の一滴

世を思い人を思う
思いに思えども
つくすところ少なし

与えんとしては受け
愛せんとしては愛せらる

恩愛にはげまされ
身をつくせども
大海の一滴に似たり

二六二　底静かなり

限りもなき大うなばら
山なす荒なみ怒りくるう

波は猛《たけ》れども
海上いくばくの層
底ふかきところに微動なく
静寂《せいじゃく》―森厳《しんげん》
竜神《りゅうじん》まどろむ

男児の剛腸《ごうちょう》
冷静を貴ぶ

二六三　これ常道《じょうどう》

晴れたる日あり
あらし吹く日あり
人生もとより無常
転変《てんぺん》 順逆《じゅんぎゃく》
これ常道
憂《うりょ》うるの要なく
恐るるの要なし

赤誠一貫
天命に従う

二六四　見えねど美し

朝ぎりのなかに
馬子《まご》うたきこゆ
むすめ見えねど美し

紺がすり　赤だすき
白い菅《すげ》がさ　稲田《いなだ》にそろう
顔は見えねど美し

銀河のほとり相思《そうし》の人
七夕《たなばた》さまは
見えねど美し

二六五　夢中になる

わたしが百姓だったら
百姓で夢中になる
わたしが商人だったら
商売で夢中になる
夢中になれば面白い
面白いから疲れない
わたしはいま
夢中になって
この本を書いている

二六六　登　　山

雪渓《せっけい》をこえて
高ねにのぼる
登るに従って眼界ひらく
気すみて心さわやかなり
珍しき花
絢爛《けんらん》のむしろをしく
雷鳥《らいちょう》ひなを抱いて
しゃくなげの間にねむる
山頂はるかに望む
雪の連峰

―白馬岳にて―

二六七　心　眼

深きものを浅く見るなかれ
高きものを低く見るなかれ
清きものを醜《みにく》く見るなかれ
広きものを狭く見るなかれ
深きを見得て浅きをさとり
高きを見得て低きをさとり
清きを見得て醜きをさとり
広きを見得て狭きをさとる

心眼を養うべし

二六八　大　雪《せっ》渓《けい》

天に向かってうねる
巨大の白竜《はくりゅう》
幅幾町　長さ一里
底の深さを知らず
炎暑の間《かん》
わずかに解けかかるとき
忽《たちま》ち秋風厳冬《しゅうふうげんとう》をみちびく
白竜—万年の翁《おきな》
やおら頭《こうべ》をもたげ
天を仰いで吹雪《ふぶき》を吐く

—白馬岳にて—

二六九　ちぎれ雲

兎《うさぎ》のようだ
羊のようだ
いや虎《とら》のようだ
ヨットか
帆かけ船か
いや汽船とみえる
むらさきの幕
くれないの幕
黄金《きん》の幕
西の空では
お芝居をしているらしい

二七〇　雪の底には

深い雪の底には
いたどりや高山の花たちが
春の陽《ひ》を待っている
世は夏
ここには春の最初の光が届いたとき
新芽たちは
新鮮そのもの
清浄そのものの額《ひたい》をあげる
赤ん坊の眼のように
お星さまの子供のように

二七一　西《すい》　瓜《か》

畑の中で暑い日をあびて
ゴロリとひるね
店の土間に積まれても
平気でひるね
叩《たた》けばポカポカと鳴り
切ればサクリとひびく
天の水あまく
ゆたかなり
純潔健康の
はだの色

二七二　天　職

内閣は辞職もすべし
されど
国民は辞せられず
天命によってこの国に生まる
国民たることは天職なり
われらが国民の義務をつくすは
正に天職を全うするなり
本務に忠なるもの
天《もと》より《よみ》これを嘉《よみ》す

二七三　許すもの

憎《にく》まれても
憎みかえすな
果たして罪《つみ》すべきものならば
自然の罪が課せられる
どうされても
愛を以《もっ》てわが道をゆけ
憎むものは
自ら苦しみ
許すものは
心常に平らかなり

二七四　英雄主義の否定

名をあげ父母をあらわすは
孝の終わりという

名　貴からず
名を伴う善事　貴し
美名しばしば美挙に副《そ》わず
奸人《かんじん》時に美名をぬすむ
空名　何の価値ありや
誤れる英雄主義は
小人を駆《か》って
大罪を犯さしむ

二七五　凡《ぼん》人《じん》礼《らい》讃《さん》

凡人　米をつくり
凡人　家をたて
凡人　衣をおり
凡人　人を育てまた教ゆ
誠実なる凡人たるべし
勤勉なる凡人たるべし
円満なる凡人たるべし
凡人の大成は
名を望む英雄主義の比に非《あら》ず

二七六　無智《むち》は恐ろし

無智は恐ろし
伸びられる自己をほうむる
無智は恐ろし
そそのかされて悪にいる
無智は恐ろし
生活の悩みをも脱し得ず
無智をまぬかれる道はあり
誰の前にも開かれてあり

二七七　夢の跡

あわれ三代の栄耀《えいよう》
一睡の夢と消えたるか
不遇の英雄義経を擁《よう》し
藤家《とうけ》最後の哀史をかざる

　国破れて山河あり
　城春《しろはる》にして草青む

　夏草やつわものどもが夢の跡

昔を今に見る白日の夢
涙するもの蕉翁《しょうおう》のみに非《あら》ず

二七八　愛の人

彼こそは愛の人なり
彼のそばにあるとき
こころ和《なご》む
彼こそは愛の人なり
彼に語りかけるとき
何のわだかまりもなし
彼こそは愛の人なり
彼を思うとき
疲れさえ癒《い》ゆ

二七九　白《しら》菊《ぎく》

玉露《ぎょくろ》　霜《しも》に代わり
秋風《しゅうふう》　膚《はだえ》にしむ

絢爛《けんらん》の百花去って
蝶《ちょう》と共に跡なし

天青日白《じっはく》　薫風《くんぷう》のうち
容姿《ようし》端然《たんぜん》　独り静かに微笑《ほほえ》む

高風清節《こうふうせいせつ》
ああ　白菊

二八〇　あの気品

気どらねど
凛《りん》としたあの気品

内にかくれたるもの
現る

すがすがし
美し
さすがに
出来たすがたなり

二八一　丈夫烈女

善きことは共にすべし
わが名を用いざれば
気のすまぬものは小器なり

栄ゆればつき
衰うれば去る
醜劣《しゅうれつ》　自《みずか》ら憐《あわ》れむべし

大義によって信を貫く
これを丈夫といい
これを烈女という

二八二　青春長し

愛は
血を新《あら》たにす

愛さかんなれば
こころ若し

愛清ければ
まなこすずし

愛ぞ長久《とこしえ》の青春を与う

二八三　猿は猿なり

小人《こびと》は
アルプスの頂上に立つも
小人なり
ピラミッドは
平地にあるもそびえ立つ
馬は馬のごとくいななき
獅子《しし》は獅子のごとく吠《ほ》ゆ

かんむりを戴《いただ》くといえども
猿はついに猿なり

二八四　何処《いずく》よりか

こころ暗く
涙にくれたるとき
いずくよりか声あり
まだ用事がある
お前の中に力がある
お前は強くなる
お前を要する者がいる

さめて
夢ならぬ夢に奮《ふる》いたつ

二八五　棄てよ

傲慢《ごうまん》を棄てよ
書物がわかる

傲慢を棄てよ
人の話が耳にいる

強情を棄てよ
調和ができる

強情を棄てよ
身も心も軽くなる

二八六　大根

大根を掘って
洗って
純白な肌を
しみじみと眺《なが》める
黒土の中から
どうしてこれほど真白いものが
生まれて来るのだろう
にんじんを掘ると
赤い
ふしぎな気がして
あたまがさがる

二八七　先達《せんだつ》の心

すすき尾花のふかい道
押しわけてゆく
雑木ばやしの迷《まよ》いみち
しおりしてゆく
谷間にのぞむ崖《がけ》の道
ふみしめてゆく
生命《いのち》の泉にいたる道
道のしるべを建ててゆく

二八八　友の態度

あの意気を見よ
あの自信を見よ
あの熱と力を見よ
あれだけ精力を集中し
あれだけ真剣に働いて
それでも出来ないということが
この世にあろうか
黙々と
背負いぬいてゆく

二八九　祝　福

愛しあえるものに
祝福あれ

人のために働くものよ
恵まれよ
見えざるところにて
善きことを行うものに
永久《とわ》の幸《さち》あれ

悲しむものに
光あれ

二九〇　村《むら》　雨《さめ》

わざわいが
通りすぎてゆく
村雨のように
通りすぎてゆく

急がずばぬれざらましを旅人の
　あとより晴るる野路の村雨

わざわいは過ぎてゆく
心しずかに晴れをまて

二九一　時に順ぜよ

心あせるとき
健康を害す
心あせるとき
人を責む
心あせるとき
罪に入る
時に逆《さか》らうことなかれ

二九二　実りの営《いとな》み

伸ばしに伸ばし
茂りに茂らせ
秋風《しゅうふう》おもむろに来《きた》るとき
棄《す》つべきを棄て
留《とど》むべきを留む
すでに実りの営みに入る
精力をただこの一事に集む
秋の働きは厳粛《げんしゅく》なり

二九三　働くはうれし

働くはうれし
働きを見るはうれし
共に働くは更にうれし

働きつつ共に楽しみ
働きの果《み》を共にわかつ

互いに感謝の思いに満ち
讃美《さんび》して共に歌う
涙こぼるるほどうれし

二九四　絶望とは

絶望とは
愛を失い
信を失い
望みを失いたる姿なり
そこに
一片の愛あり
信あり
望みあらば
誰か自ら
その生を絶たんや

二九五　大事業

「人を悦《よろこ》ばす」
貴きことなり

悦びは
勇を生む

悦びは
悦びを生む

「人を悦ばす」
実に大事業なり

二九六　国を興《おこ》す

国を興しうるものを
特殊の英雄偉人とのみ
思うべからず
国を興すは村を興すなり
村を興すは家を興すなり
家を興すは人を興すなり
人を興すは志を興すなり
志立つものは
必ず郷《きょう》を興し
郷興りて国必ず興る

二九七　雪ひかる

すがすがしき心に
朝日うららに輝く

雪ひかる
霜ひかる

照らされたるもの
ことごとく光る

光につつまれて
こころなごむ

二九八　男なり

頼られては
一はだぬぐが男なり

腹をきめたら
死ぬまでやるが男なり

弱きをたすけ
善きをのばすが男なり

信を貫き
命をかける
これぞ男の中の男なり

二九九　自己の反映

人間は
自己のごとく自然をみる
人間は
自己のごとく他人《ひと》をみる
人間は
自己のごとく世界をみる
かれの見聞は
つねに彼自らの反映を表す

三〇〇　無くてならぬ人

かれの行くところ
必ずそこを明るくす
かれは
その地のために働く
かれは
そこをわが家《や》とし
そこを墳墓《ふんぼ》の地と定む
かれこそは
いずくにあるも
無くてならぬ人なり

三〇一　争いは

争いは
人のこころをかきむしる
争いたるものは
共に敗れたるものなり

争いは
たからを失い身をやぶる
平和《やわらぎ》を求むる者のみぞ
永遠に勝利の人なり

三〇二　愛すれば

愛すれば
話が解《わか》る
愛すれば
心が通う
愛すれば
機転《きてん》がきく
愛すれば
気苦労なし

三〇三　宝　石

妖女《ようじょ》が
チルチル、ミチルにささやいた
　どんな石だって
　みんな同じことだよ
　どれも　みんな宝石なんだよ
　それだのに　人間は
　その中の　ごく僅《わず》かしか
　宝石ではないと思っているんだよ
気がついてよく見ると
ふみつけてゆく砂利が
みんな貴い宝石だった

―青い鳥―

三〇四　地上なり

思いてかなわず
願いて成就《じょうじゅ》せず
無念の涙にぬれて
世をはかなむ

友よ
悲しむをやめよ
ここは地上なり
おん身は人間なり
人間の意のままにならねばこそ
この世なり

三〇五　至《し》人《じん》

飾らず
気どらず
我《が》を通して無理をせず
うえて食を求め
美味を美味として悦《よろこ》ぶ
かれは額《ひたい》に汗して労し
閑《かん》を得て書を読む

至人は
ただこれ常《じょう》

三〇六　救いの手

救いの手うごく
そこに動く

救いの声きこゆ
耳をかたむけよ

ただ手をのばして
いだかれよ

心のまずしきものは
さいわいなるかな

三〇七　対《たい》　照《しょう》

孤独に見えて
満たされたる人
快活に見えて
さびしき人

貧しくして
心ゆたかなる人
富みて
物惜しみする人

三〇八　運　命

行為の種をまけ
習慣の果《み》を刈る
習慣の種をまけ
品性の果を刈る
品性の種をまけ
運命の果を刈る
然《しか》り　而《しこう》して
柿《かき》の種をまけ
柿の果がとれる

三〇九　老樹

烈風にあたって
根が深くなった

樹《こ》かげに
泉がわいてきた

善いものも悪い者も
その陰にいこわせた

自分を倒す樵夫《きこり》にも
終わりまで陰《かげ》を与えた

三一〇　本当の勇者

善いことをして
憎まれることがある

善いことをして
疑われることがある

善いことをして
財《ざい》を失うことがある

それでもなお　善いことを
大胆につづけ得るものが
本当の勇者である

三一一　赤　彦

眼鏡《めがね》をかけて石をきる
眼もとをすえて石をきる
汗をながして石をきる
のみより強い腕さきで
かっちん　かっちん　石をきる
努力の人にも
やがてこの世の日がくれる
火花が見えるのみのさき
のみの手もとは暗くても
かっちん　かっちん　石をきる

—歌人・島木赤彦—

三一二　誰のお陰ぞ

今日たべる米
誰がつくったか
いま着ているもの
誰が織ったか
いま住む家
誰がたてたか
かく思うこの身は
誰が育ててくれたのか

三一三　飛《ひ》躍《やく》

大地をけり
一切の支えをはなれて
身を空間に投げる
これを飛躍という
恋々《れんれん》たる愛着のきずなを絶ち
纏綿《てんめん》たる情実のもつれを脱し
理性が示す目標を見つめて飛ぶ
人生には飛躍がいる
而《しか》して　飛躍には
断じて行《おこの》う意志がいる

三一四　花

生命《いのち》の精の
あふれにあふれたるもの
これを花という

今日の日よ
いのちあふれて
花にさけ

三一五　達《たつ》人《じん》

天下をのむの慨《がい》あるも
少女のごとく柔和《にゅうわ》なり
白熱ほのおを吐くの信あるも
冷静透徹《とうてつ》　氷のごとし
老者に似て幼児
貧しくして富む
権威その内に溢《あふ》れ
謙虚万人《けんきょばんにん》に仕《つこ》う
真に達人なるかな

三一六　自力《じりき》目さむ

わが意志にて
わが心臓《しんぞう》を動かし得ず
わが眼にて
わが眼底の神秘を見得ず
いのちを与えたるもの
刻々のわれをまもる
絶大無限の他力《たりき》を悟るとき
自力はじめて目さむ

三一七　輪《わ》をつくれ

天童の群《む》れが歌う
　いざ　手つなぎて
　楽しく輪をつくれ
哲人を導く天使の群れも
そのあとを追いかける
　いざ　手つなぎて
　楽しく輪をつくれ
万国の友よ
手をつなげ
かくて楽しく輪をつくれ

—ファウスト—

三一八　空を見て

空を見て
しみじみと美しく
感ずる日がある
見ても見ても
あきないで
吸いつけられる時がある
こんな日には
眠ると
楽しい夢をみる

三一九　人間が近い

人間は
自然を楽しむ
人間は
神仏をたよる
しかし人間には
人間がいちばん近い
人間は
人間の愛を求める

三二〇　にわか雨

ぬれながら走る人
たたずんで
雨のきれまを待つ人
用意のかさをさし
悠々《ゆうゆう》と歩む人
通りがかりの人を
自分のかさに入れ
話しながら
ならんであゆむ人

三二一　楽しみ

種をまくときは
種まきが楽しみ
草をとるときは
草とりが楽しみ
虫がついたら
虫とりが楽しみ
実ったら
とり入れが楽しみ

三二二　時がある

言いたいことはある
しかし
言ってはならぬ時がある
したい事がある
しかし
してはならぬ時がある
種をまくにも時がある
刈り入れるにも時がある

三二三　トルストイ

トルストイが言った
眠れぬものには
夜が長い
疲れたものには
行く手が遠い
無智《むち》なものには
人の世が長い
長い生涯を
短く生きた翁《おきな》のことば

三二四　珍しきかな

新《あら》たなる心もて
あらたに迎うる今日の日は
珍しきかな
新たなる力もて
あらたに作る今日の日は
珍しきかな
新たなる望みもて
あらたなる道をゆく
物みな輝きて映《うつ》る今日の日は
珍しきかな

三二五　思い出の道

あの道は
カッカッと靴音《くつおと》のする道だった
あの道は
草むらにいが栗の落ちる道だった
あの道は
せせらぎに月光の砕《くだ》ける道だった
あの道は
手をとりあって共に歩いた道だった
あの道　あの道
静かにたどる思い出の道

三二六　世　渡　り

いいかげんにしても渡られる
ごまかしても渡られる
しかし　ちっとも面白くない
わるいことをしても渡られる
上手に立ちまわっても渡られる
しかし　何の生きがいもない
きっと　行きつまる時が来る
きっと　さびしい時が来る

三二七　さるすべり

照る日をあびて
樹々のみどりが深くなる
森に　せみ鳴き
畑に　瓜《うり》ねむる
朝がお
黎明《れいめい》の庭をかざり
百日紅《さるすべり》
中天に向かって炎《ほのお》を吐く

三二八　発《はっ》　憤《ぷん》

発憤は噴火にあらず
けむりを見せるな
音をたてるな
もゆる念《おも》いを胸底におさめ
理智《りち》を加えて表現せよ
機関車も
みだりに釜のふたは開かず

三二九　一日でも

一日でも
本当に仕合《しあわ》せと思えたら
幸福者だ
一人でも
本当に愛し
本当に信ずる者があったら
幸福者だ
一生仕合せで
万人が善人であれとの願いは
ぜいたくすぎる

三三〇　手　紙

たった一本の手紙で
つもる悩みが薄らいで
新しい勇気がわき
食欲がすすみ
睡眠が深くなり
世の中を明るく感ずる事がある
優《やさ》しいたったひと言《こと》が
時に名医の薬にまさり
時に聖賢の書にまさる

三三一　知らしめよ

万人《ばんにん》をして真に知らしめよ
五を八というは
知らぬがためなり
泥水《どろみず》をくむは
清水《しみず》の在りかを
知らぬがためなり
真に知らしめよ
知れば真を語り
知ればいのちの真清水《ましみず》をのむ

三三二　希望がもてる

どこを見ても
この先どうなることかと
心配でたまらぬことがある
しかし　よくみると
まだまだいくらでも
堪えぬける力がある
立派な文化を
つくり出せる力もある
日本人の本質を
知れば知るほど希望がもてる

三三三　すみれ咲く

異郷の野べに
白骨をうずむ
万歳を叫びつつ
たおれた勇士の墓の上に
すみれさく
戦いのひまに
言葉通わぬ子らと戯《たわむ》れて
摘みて愛《め》でたる
すみれ咲く

三三四　勇士還《かえ》る

胸にかがやく勲章《くんしょう》なく
岸壁《がんぺき》につくも
歓呼《かんこ》の声なし
悄然《しょうぜん》として焼野をゆく
わが家《や》はいずこ
父よ　母よ　妻よ　子よ
呼べど答えず
焦《こ》げたる踏み石に腰をおろし
黙然《もくねん》として
在りし日の 幻《まぼろし》 を追う

三三五　貴く生きん

天皇　ふくろ小路《こうじ》をぬいて
仮《かり》の住み家《か》の破《や》れし扉《と》を
一つ一つ開かせ給《たま》う
寒くはなきや
汝《な》が夫《つま》は帰らずや
玉音しめやかに胸にしみ
答えまつる言葉さえなし
身にあまる重荷を忘れて
わが心に誓う
悩《なや》みにかちて貴く生きんと

三三六　同胞《どうぼう》に訴う

浅慮《せんりょ》を以《もっ》て
暴力をふるうことなかれ
扇動《せんどう》にあざむかれて
祖国をあやまることなかれ
世界の平和をねがい
人類の幸《さち》をいのるべし
新日本の興隆《こうりゅう》を
同胞各自の向上と
その生活の充実にまつ

三三七　民族の素質

東西の文化の粋《すい》をつかみ
新たなるものを表現しうる民族
世界の最高標準を追い
列国の選手ときそいうる民族
卑下《ひげ》するをやめよ
なんじの真価を見直し
足らざるを補《おぎな》い
あやまれるを正し
民族本来の素質を生かせ

三三八　一人一人が

一人《ひとり》一人がみんな高くなることだ
一人一人がもっと反省することだ
一人一人が自分の心をもち
自分の道をゆくことだ
一人一人が和《なご》やかな心をやしない
たがいに助けて働くことだ
日本の前途は
一人一人の心できまる

三三九　三つの鍵《かぎ》

大地と取り組み　物をつくれ
そこに難関突破《なんかんとっぱ》の鍵がある
胸を開いて互いに親しみ
力をあわせて共に働け
そこに難関突破の鍵がある
身勝手をやめ
大局にまなこを注いで
同胞と全人類の幸《さち》をはかれ
そこに難関突破の鍵がある

三四〇　天地の理法

天地の理法は正し
勝つべきは勝ち
負くべきは負く
天地の理法は正し
起《た》つの日来《きた》り　起つの力と信あらば
必ず起つ
天地の理法は正し
正しければこそ
悔《く》ゆべきは悔い
改むべきは改め
泰然《たいぜん》としてこの道をゆく

祖国再建の歌

敗戦直後、同胞の虚脱状態見るに忍びず、この歌をつくり、
細川碧氏の作曲とあわせ、ひろく世に紹介したるもの。

祖国再建の歌

作詩　後藤静香
作曲　細川　碧

一

紫雲《しうん》たなびく黎明《れいめい》の
ひかり大気《たいき》をそむるとき
暮雲《ぼうん》に映《は》ゆる夕陽《せきよう》の
大地《だいち》のはてに沈《しず》むとき
自然の霊気《れいき》身にしみて
生けるしるしを思うかな

二

貴《とうと》きいのち世にうけて
などか空《むな》しく生くべきや
祖国《そこく》のほまれ地に落《お》ちて
同胞《はらから》悶《もだ》えなやむとき
鮮血《せんけつ》もゆる若人《わこうど》の
魂《たま》いたずらに黙《もく》せんや

三

世界平和のさきがけと
つるぎを棄《す》てて人類の
永久《とわ》のさかえを願《ねご》うなる
高き理想《りそう》に生くる民
暗雲《あんうん》とざす世のすがた
手をこまぬきて眺《なが》めんや

四

ゆくてにつづく幾山河《いくさんが》
高嶺《たかね》の道のけわしくも
なさけの花は野べにさき
憩《いこ》いの泉《いずみ》　谷にわく
努《つと》めはげみてもろともに
越《こ》えて進まんいざ友よ

五

新建設の道しるべ
目あてはさだか光明《こうみよう》の
世界をひらく信と愛
結ぶちぎりのいや堅《かた》く
今日《きよう》の大地をふみしめて
使命《しめい》を果《は》たすわれらかな

六

ああ壮《さか》んなり盛《も》りあがる
祖国の力君見ずや
悪夢《あくむ》目さめて新《あら》たなる
理想《りそう》にもゆる同胞《どうほう》の
ちから伸《のば》さんもろともに
国を興《おこ》さんもろともに

静香詩「権威」解説

山崎喜芳（静香詩普及会代表）

著者後藤静香が最初の「権威」を世に出したのは、大正十年（一九二一）で三十六歳の時でした。「密室にこもること幾旬」「世事を避け心霊を潔め、彼に似たる木像を刻むこと二百」、ひたすら天の声を聞きながら書きとめた二百編でありました。本書中の約六割は初版の「権威」からの収録です。

静香は次々と新編を書き加え、第二次世界大戦後までに五百四十四編となりました。著書としての「権威」は内容を改めること五回，装丁を変えること十八回、総発行部数は三百万部を超えています。

大正から昭和初年にかけて、この書くらい青年男女に朗唱された本はありません。「人生いかに生くべきか」というテーマで一貫しているからです。そしてその思想の根幹は、聖書と論語です。

「権威」が世に出てすでに九十年、この間に世界も日本も大激動を経験し、静香自身の身辺にも大いなる変転がありました。しかしこの書に盛られた思想には、いささかの動揺も見られず、今日に生き続けてきました。これは静香の持つ根本理念が真理に根ざし，普遍に徹しているからでありましょう。

後藤静香は，わが国社会教育開拓者の一人であり、同時に社会福祉の先達でもありました。盲人援護、救ライ、結核予防、老人福祉等に大きな足跡を残しました。単に敬信愛の道を説いただけでなく、自ら先頭に立って実践した偉人でありました。

静香は昭和四十四年（一九六九）八十四歳をもってこの世を去りましたが、静香によって創始された「心の家」は、今も弟子たちによって継承され各方面で多彩な活動を展開しています。

静香に多年指導を受け、現在も、「権威」をベースに全国で講演活動を展開している解説者山崎（Email:honki39@ymail.plala.or.jp）もその一人です。

NHK教育テレビ「心の時代」は「われ、これがために生まれたり、近代日本の求道者・後藤静香」を特集、一時間番組として全国放映され、大反響を呼びました

後藤静香が日本という池に投じた小石は、今日も明日も大きな波紋を広げ続けています。

索引

（あ）
愛の人　二六八
愛の負債　二七
愛するために　六
愛すれば　三〇二
愛の制約　一七五
愛の威力　一三
あなたの側に　一
与えよ　二一
あなた任せ　一五三
あの気品　二八〇
安眠　二七
争いは　三〇一
安定　一〇四
有りがたい　一三
赤彦　三一
（い）
偉大　五八
一片のパン　五三
一日でも　三九
命の種　一七
生きる真理　二〇四
生きる悦び　六〇
活けるペン　一六三
今のままで　一九九
怒るなかれ　二四八
何処よりか　二八四
（う）
有縁の悦び　二四
植えたあと　四七
うぐいす　二六八
雨後の月　二五
嬉しいな　二二四
うれしい日　二四〇
運命　三〇八
（え）
永久　一五六
永遠の平和　三三
英雄主義の否定　二七四
（お）
思い出の道　三二五
応答　四八
拝みたい心　六三
拝みうる人　一三九
応答のために　一五一
王者　二〇五
女の力　二一三
女は偉い　一〇七
親ごころ　二二七
恩寵　二三六
幼き日の蜜　二五一
男なり　二九八
（か）
学識　七
解決　一四
悔恨　二六
改心　一二五
確信　五〇

価値　一八二
かくれた流れ　一五五
活泉　一八四
必ず変わる　二五二
感応　五五
感謝　四〇
寛容　二一
歓喜の源頭　一五九
凱歌　六七
合体　一二八
感激　一八九
貫行　一九四
考えよ　二〇七
垣を去れ　二二五
過分　二一六
かれ　二一八

（き）

旭日　二二七
強者　四四
共存の悦び　六六
逆境　二〇
犠牲　七七
禁止の声　一四五
希望がもてる　三三

（く）

悔改　九九
国を興す　二九六
苦悶　九八

（け）

計画　二
欠陥　三
欠陥と完成　七二
堅忍　二二
賢母　二一一
傑作　二一一
健康を活かせ　一一四
激流　一一六
厳粛なる夢　二〇六
激励の声　一四七

（こ）

交際　一九六
孔子と歌　二四一
光明　一七一
後半昭々　二四四
言葉　一〇七
声　一八八
光景ひらく　七四
子供の心　二一四
故山　一二七
心のかわき　七八
子らは去りゆく　一〇二
今日　九二
これがために　六八
これ常道　二六三
根底　一六〇

（さ）

作品　一八五
最善のもの　八六
最上最善　二三五
最善の瞬間　二二三
支える力　一九八
五月雨　二〇三
さるすべり　二一七
三味　一五二

猿は猿なり（し） 二五三	静けさ 二三九	勝利の人 六六	すみれ咲く（せ） 二三二
秋風来る 八	私情 二四六	昇天 六六	
祝福 二六八	繁み 二四八	正義 一七五	
新記録 二六九	白菊 二三九	小善 二六六	
新生の子 二七八	至人 二三一	賞讃の声 一九八	正義 三
神性 一三一	至幸至福 一七	自己の反映 一九四	聖か俗か 二〇〇
信賢勇 五一	仕合せ 一八〇	青春長し 一六七	青春長し 一六七
信ずる世界 六五	自然 一三五	先達の心 二五二	先達の心 二五二
信愛 六六	自愛 一二三	ぜいたく 二三六	ぜいたく 二三六
信仰の人 六一	自己の平和 七〇	全力 二三九	全力 二三九
新年 六三	自由 一九	職業 一三二	絶望とは 二五一
使命 一六七	人生の春 二六	自力目さむ 一三六	（そ）
心眼 二三一	塵埃 二七七	定規 一七	尊重 六九
知らしめよ 一九一	人類よ 一四〇	丈夫烈女 一六四	束縛 二三四
親切 二三七	集中 二七	水脈（す） 一五	育てる心 二三八
	瞬間 一九一	救いの船 二七七	空を見て 二七一
		救いの手 一九五	底静かなり（た） 二六五
		救いの門 一四一	
		西瓜 一四〇	
		棄てよ 七二	

怠惰　一〇八
大志遠望　八三
大したこと　二一〇
体験　四九
堪えうる力　二一
立つの日　八五
対照　三〇七
大雪渓　二六八
大海の一滴　二六一
楽しみ　三一一
達人　三一五
種をまく　二五〇
短命か　一四一
ただ一人　七三
誰のお陰ぞ　三一一
誰だろう　二一三
頼みたい　一四九
旅人の日　四三
鍛錬　一〇〇
ただ一つ　二〇八
第一歩　一〇
大根　二八六
大事業　二九五
（ち）
沈黙　六三
稚気　九〇
巷に立ちて　一一五
力と正義　二一〇
力湧く　二四五
ちぎれ雲　二六九
地上なり　三〇四
着眼　一一九
調和　一三六
（つ）
尽きせぬ悦び　一三一
罪のために　一五〇
（て）
天知る　一一三
天人　二〇二
天の衣　一四三
天の声　一五七
天の記録　一六八
天道　一七三
天職　二七三
点滴　二二三
天地の理法　二四〇
手紙　三三〇
（と）
時の力　一三〇
時がある　三一一
徳業の自由　一一三
特使　一九七
時に順ぜよ　二九一
友の態度　二八八
通ったあと　二二三
登山　二六六
トルストイ　三三一
どこまで登る　九六
同胞に訴う　三二六
どっちもいい　一六六
貴く生きん　三二五
（な）
内在の自己　九五
並んでゆく　八二

何が勝つか	一五三	花は散る	一七五	一人	一九一	浮雲	二〇三
なでしこ	一五五	花がさく	一七八	光の子	一九三	二つの滅亡	二〇六
無くてならぬ人		花の春	一八〇	一人一人が	一九六	奮闘	二〇九
（に）							
女　性	一五八	花　　　　背　景	一八四	批評家よ	一九九	（へ）	
人間が近い	一五九	発　見	一八六	美	二〇三	片　鱗	二一〇
にわか雨	一六〇	発　憤	一八八	美は美	二〇五	別　離	二一三
（ぬ）		母なき子	一八九	美を感ずる心	二〇八	（ほ）	
ぬれた心	一六三	春の海	一九一	飛　躍	二一一	本　気	二一五
（ね）		波　紋	一九六	微　風	二一三	星から星へ	二一七
年　齢	一七〇	春雨の夜	一九七	病床の人	二一四	本当の勇者	二二〇
（の）		ばらよ	一九九	（ふ）		法　則	二二一
能　力	一七二	働くはうれし	二〇一	深　さ	二一七	（ま）	
能力の根底	一七四	不　滅	二〇三	深きところに	二一九	宝　石	二二三
伸びゆく心	一七七	芭　蕉	二〇六	深いさびしさ	二二一	豊　富	二二六
（は）		反省の声	二〇八			誇　り	二二八
		（ひ）		富　嶽	二二五	凡人礼讃	二三〇
						星に涙あり	二三九

（ま）
松の木　九四
（み）
三つの声　二
三つのかげ　二九
三つの魂　一九三
三つの鍵　三九
三つの資格　七〇
道に出でよ　四一
見つめよ　一九二
見方　二一五
道ゆく姿　二七
緑の命　二六八
実りの営み　二九二
未成熟　八
民族の素質　三七
見えねど美し　二六四
（む）
村雨　二九〇
報いを越えて　七二
無智は恐ろし　二七六
夢中になる　二六五
（め）
明鏡　一七〇
眼は前へ　二四三
珍しきかな　三四
（も）
門のとびら　四五
（や）
山路　二五五
山守　一七九
和らげよ　三三
（ゆ）
遊戯　一〇六
雪ひかる　二九七
雪の底には　二七〇
夢の跡　二七
許すもの　二七三
勇士還る　三四
（よ）
よいつぼみ　七六
良い子　三三
世の中　一三
世渡り　三六
悦ぼう　二四
悦びの門　一二四
悦びの歌　三〇
悦べよ　一九五
喜びの人　二五三
酔える人　二五四
四つの段階　二一
余裕　一三
弱いたましい　二六
（り）
立志　八四
理想　一七四
（れ）
黎明　三七
霊位　一四〇
連鎖　一四二
（ろ）
老樹　三〇九
（わ）
別れ　二〇六
私の先生　一五四
若さの誇り　八九
我が仕事　二四七
輪をつくれ　三一七

後藤静香（ごとう・せいこう）(1884年―1969年)
明治17年(1884年)８月19日、大分県大野町に生まる。明治39年東京高等師範学校官費数学専修科を卒業し、長崎県立長崎高等女学校及び香川県女子師範学校に歴任すること13年。大正７年上京、全日本を対象として社会教育に専念し、月刊誌の発行、著作、講演等により、終始一貫、初志の貫徹に努むること50年に及ぶ。昭和44年５月15日没。わが国点訳奉仕運動最初の提唱者として、多くの点訳者を育成し、日本点字図書館の開設に貢献した。その功績に対し、昭和42年７月27日日本盲人社会福祉施設協議会から感謝状が贈呈された。昭和53年、多数の著作が「後藤静香選集」全10巻にまとめられた。著作にはほかに、「楽園」「生きる悦び」「道のしるべ」(以上善本社刊)がある。

権《けん》威《い》

大正十年七月四日　初版第一刷発行
昭和二十七年八月十日　決定版第一刷発行
昭和三十四年六月一日　改版第一刷発行
昭和五十九年八月一日　新版第一刷発行
平成十三年一月十日　新装版第一刷発行
令和二年一月二十二日　新装版第十三刷発行

著者　後藤静香
発行者　手塚容子
印刷所　善本社製作部

〒一〇一―〇〇五一　東京都千代田区神田神保町
二―十四―一〇三
発行所　株式会社　善本社
TEL　(〇三)五二一三―四八三七
FAX　(〇三)五二一三―四八三八

© Japan Braille Library 2001, Printed in Japan
落丁・乱丁本はおとりかえいたします

ISBN978-4-7939-0401-1　C0212